# 男と女の台所

文・写真
大平一枝



平凡社

# はじめに――せつない奥の院

カメラを担ぎ、ひとりで見ず知らずの家を訪ねる。玄関を入ると、挨拶もそこそこに台所に踏み込み、三脚を立て、撮影を始める。

図々しくないとできない台所の取材は、一四〇軒を超えた。料理の得意不得意は関係ない。オシャレか、きれいか、古い新しいも問わない。有名人ではない市井《しせい》の人の、なんでもない台所。だが、だれにも必ず大小の物語がある。

台所とはひどく不思議な空間だ。初対面にもかかわらず、心の深いところの澱《おり》や苦しみを話し出す人もいる。過去の辛い別れや、現在の迷いや悩みを吐露する人も。ふだんは他人に見せない奥の院だからこそ、そこに踏み込んだとき、人は心の鍵を少し開けるのかもしれない。反対に、幸せや喜びは、並んだワイングラスや作り置きのグラタンから、どんなに隠しても溢れ出てくる。

本書では、「愛」をテーマに台所を描いた。心の内を聞くために、年をまたいで何度か通った。その間に籍を入れた人もいる。大きな土鍋が増えたり、あるいは家族が減り、食器棚を丸ごとなくした人もいる。

通いながら考えた。なぜ、台所にはこれほど人間くさい物語がつまっているのだろう。これは、取材当初、私自身想像をしていなかったことでもある。ドラマはあるだろうが、そこに夫婦の愛や老い、生きがい、ひいては人生を考える萌芽まで潜んでいるとは思ってもいなかった。

だが、次第にわかってきた。

多くの人は、元気がある日もない日も、ご飯を作らなくてはならない。ケもハレも、台所に立ち、何かを作る営みは変わらない。喧嘩をして怒りをこめて皿を洗っても、仲直りをしてうきうきと彼の好きなつまみを作っても、ふたりがひとりになっても、ふたりが三人になっても、だれにも同じ明日が来て、やっぱり昨日と同じように、生きていくために台所に立つ。そこには、とりつくろうことのないありのままの自分がいる。

雑誌に載るすてきな台所からは、笑顔や団欒やおいしいものが生まれる。けれども、生きていればおいしいものを作れない気分や体調の時だってある。そこにはままならない事情や物語がある。

私が見てきた限り、どんな台所にも、ほんの少しの哀切やせつなさが入り交じっている。生活とはそういうものだ。

図々しく台所の奥にずかずかと入り込んでいくと、それらが少しずつはみ出たり、透けて見えてくる。だからこの空間に私はひきこまれる。

砂糖や醤油や油の瓶に、少々のせつなさや苦さが混じった奥の院のそれぞれの愛の物語から、私が受け取ったささやかだがあたたかいものをどうしても伝えたくて本書を作った。見えづらくて、つかみづらい幸せというやつの手がかりを、十九の物語から見つけてほしい。

もくじ



男と女の台所

## 料理家の台所



## 台所見てある記

# 同卓異食は終わりの始まり

自営業（女性）・55歳
国分寺市・分譲戸建て・3LDK
ひとり暮らし

## 男と青菜のおひたしは相性が悪い

二年前の取材で、彼女は右のような名言をはいた。そのココロは――。

四〇歳のころ、アメリカでマクロビオティック（自然食）を学んできた従姉妹《いとこ》に影響を受け、好奇心で菜食を試した。いい塩梅《あんばい》に体重が減り、子どもの頃から悩んでいた肩こりが消え、イライラも減った。それを機に徐々に菜食中心の生活に移行していった。濃い味付けと肉料理が好きな夫とは、当然、溝ができる。

たとえば夕食のメインに彼女は豆腐、彼は肉。

「おひたしを出すといかにも物足りなそうで、彼はじゃばじゃば醤油をかけたりして。同じ食卓で違うものを食べていたら、そりゃあ心も少しずつ離れていきますよね。そもそも男は野菜やおひたしなんかではお腹が膨らまないものなのよ」

四八歳で離婚。で、前述の名言登場というわけである。


今回再び彼女の台所を訪ね、さらに秀逸な数々の金言を蒐集《しゅうしゅう》することができた。

流し台の正面、小さな窓の向こうにはブラックベリーのつるが這い、欲しいものに手が届くコンパクトなキッチンは二年前と変わらない。真夏だが、エアコンはない。玄関にはすだれをおろし、家の中を小さな風が通り抜ける。扇風機の風もありがたく、都下でも畑に囲まれているからなのか、都心より二〜三度気温が低いように感じられた。

唯一変わったといえば、新しいパートナーの存在だ。前回の取材時はすでに付き合っていたらしいが、おひたしと男の相性で白熱しすぎて、新しい彼の存在を話しそびれたらしい。

## 足し算の彼、引き算の彼女

「なんだよおまえ、気取ってんなあ」

夕食に玄米と豆腐を食べていたら、夫に言われた。肉類などの動物性タンパク質を控え、野菜、乾物、豆中心の菜食を自分用に作って食べていた。彼には好物の肉や魚を出した。まさに同卓異食である。菜食に出会う前までは、彼と同じ食生活だった。

「二八歳で結婚し、共働きの会社勤めでふたりとも朝が弱かった。朝食は抜きか菓子パンをかじる程度。夕食は外で待ち合わせして、よく飲んだり食べたりしました。そう、今思えば彼は外食が好きだった」

三三歳で郊外に一軒家を買った。敷地内に新築が六軒並び、入居当時からご近所どうし、自然に仲良くなった。歩いてすぐのところに風情のある社《やしろ》があり、目の前は畑。小さな家だが、居心地も環境も申し分がない。

夫も料理をする。ただし、気ままな男の料理で、「今日はあれを作ろうか」と思いついたときに大鍋でドーンと作る。

「私は残したものを捨てるのがどうしてもいやな質《たち》で。だから彼が作ると、何日も同じものをひとりで食べ続けることになる。彼は帰りが遅いので食べないんです。作ってその日に食べたら、あとは私まかせ。残さないように作ってとお願いするのに、守られることはありませんでしたね」

彼の料理には明らかな特徴がある。

「なんでも大きな鍋でたくさん作る。大きいことが好き。いつも足し算なんです。たとえばお酒で体を壊したら、お酒を減らさず、しじみ汁を飲む。そういう足し算の考え方が、だんだんきつくなってきたんですね」

彼女が菜食に興味を持ったのも自然な流れのような気がした。なるべく安全な食品を、体に必要な分だけとる。〝一物《いちぶつ》全体《ぜんたい》〟という原則のもと、食材を無駄なくまるごと味わう。米なら精白する前の玄米の状態や三分づきくらいの状態で。野菜なら、皮や葉も捨てずにまるごと。おそらく、彼女は引き算の人。足るを知る生活に心地よさを感じる。だから、彼の大量料理に心がかきむしられるのだ。

夜は菜食を作っていたが、さすがに会社では、動物性たんぱく質抜きの外食を心がける程度だった。カルボナーラをやめてペペロンチーノに。ハンバーグでなく蕎麦に。しかし、昼を外で食べると胃がもたれる。夕食の量も減り、菜食を始めて三年目の頃には、自分で玄米弁当を持参するようになっていた。そのほうが安心して食べられるし、体調がよい。

彼が何の気なしに「気取ってんなあ」とつぶやいたのはこの頃のことだ。それから五年後、妻から「別れて」と切り出されるとは、さすがの彼も想像していなかったに違いない。

## この人生は、相手にも自分にも失礼だ

四三歳。同卓異食で、彼は食事をするとすぐ二階の自室にこもるのが日課になっていた。食卓で話しかけても、生返事で終わるのに、自室に行くと、共通の趣味の女友だちと長電話をしていることも。

休日も自室で大好きなクラシックを一日中聴いていた。

「もっと会話をしたいし、散歩とかふたりでしたかったんですけどね。あの頃、家庭内別居という言葉がいちばんふさわしかったかもしれません」と彼女は振り返る。

もっと向き合いたかったという心の声が聞こえた。その声が彼に届かなかったのはなぜだろう。

「彼は会社で異動があり、仕事のポジションが大きく変わった。そのことでひどく肩を落としていました。かたや私は好きなように働いているのでおもしろくない。家で不機嫌になる

気持ちもわかるし、ストレスを知っていながら支えきれなかったことは今でも悪かったなと思っているんです」

それにしても、と彼女は新たな名言をつぶやいた。——男のプライドは厄介です。

仕事がうまくいかないときは、黙って察して、プライドを盛り立ててほしい。いつでも「あなたがいちばん」でいてほしい。僕の傷みを優しく包んでほしい。でも、自分からは甘えられないんだ……。

妻ならだれでも、夫に大きなストレスがかかったとき、そう振る舞えるのだろうか。食卓で生返事の人に、それでも食い下がれるか。

男も女ももっと弱くて、嵐や台風が来ると逃げたくなるし、怯《おび》えるし、けっこうひとりでもいっぱいいっぱいなものではあるまいか。人生が凪《なぎ》ばかりならいいけれど、嵐が来たとき、夫婦は試されるのだ、きっと。

自分はこの家が好き。できるだけ長く心穏やかにこの家で暮らしたい。ならば自分の心の平和だけ考えて、夫にはかかわらない、さからわない、口を出さないようにして、同居人と思おう。

そう決心して五年を過ごした。彼は夕食のほとんどを外で済ますようになっていた。

四八歳。彼女はハッとした。

「もう五年経ってしまったと。次の五年後、私はどうなっているんだろう？　今と同じままでいいのか？　だったらこの人生は、自分にも相手にも失礼だと気づいたのです」

ある日「別れて」と、切り出した。彼の返事は、

「なんで？」

家庭内別居の現状でよしと思っていることに驚いた。

「もっと向き合って」

「君だって僕の辛さを理解して」

これほど噛み合わない会話があるのかと彼女は思ったそうだ。

「彼は、仕事の環境から生じる自分の痛みと向き合っていないことが問題なのに」

向き合うとは、ある意味ひどくエゴイスティックな言葉だなあと思う。多くの人が「こっちを向いて」という意味で使いがちだ。しかし、本来「向き合う」とは、「相手の向きを受け止める」ことも含まれるのではなかろうか。

四年間、一三〇軒余りの台所取材で、私はいろいろな夫婦から「向き合う」という言葉を聞いた。そこで実感するのは、男と女では、「向き合う」の方向や深度、意義、解釈がずいぶん違うということだ。

向き合う方向がずれたままの歳月がどれほど苦しかったか。彼女はこんなことを教えてくれた。

「離婚するまでって、やっぱり苦しくて、いろんなことに無頓着になるんです。というより、どこか無神経にならないと耐えられないんですね。私は植物を育てるのが好きなのですが、その数年は庭の手入れができなかった。離婚してしばらくしてから再開したら、通りがかりの見ず知らずのおばあさんに〝やっと始めましたね〟と言われて。心の荒《すさ》みは庭にも出るんだなと実感したものです」

今、玄関先にはアサガオ、フウセンカズラ、ナスタチウムなどの鉢がところ狭しと並び、台所の窓前の向こうにはブラックベリーが軒先まで生長し、赤い実をつけている。

離婚から七年が過ぎた。彼女は少し照れくさそうに、語った。

「もっと早くこうしていたらよかったなって思っています。彼から結婚通知が届いて。今ふたりともそれぞれに幸せなので。離婚は、私たちにとって発展的解消だったと思っています」

新しいパートナーは「来てよし、帰ってよしの気楽な関係」とのこと。菜食主義者ではないが、おもしろがって食べる。最近の彼のお気に入りは、豆腐の味噌漬けだ。パン作りも一緒に楽しむ。ちなみに今年の彼からの誕生日プレゼントは燻製器だったそうな。

菜食に理解も好奇心もあるが、彼女はおしつけないようにしている。

「マクロビは、行きすぎると家族を壊すこともあります。あくまで大人の道楽。戒律ではな

い。私は外では焼き鳥屋にも行くし、みんなで楽しむときはなんでも食べる。彼ともそんなふうにゆるやかに楽しんでいます」

現在五五歳。結婚はもういいらしい。

ところで、彼女には忘れられないある夫婦の光景がある。学生時代、二〇歳かそこいらへんのことだ。通っていた絵の教室の先生夫妻がこんな会話を交わしていた。

夫「きのう見た夢に虹が出てきてきれいだったよ」

妻「それ、わたしも見たかったわ」

夫「君も見たよ、その夢の中に君もいたもん」

なんて仲がいいんだろう、私にもいつかそんなパートナーが現れるのかしらと彼女は無邪気に未来を夢見た。

「歳を重ねてもそう思い合える夫婦関係を築けることがどれほど奇跡的なことか、そのときの私は何もわかっていませんでしたが。なんとも素敵なご夫婦でしたね」

夫婦であろうとなかろうと。彼女が男女の愛に求めているものがわかった。その光景を何十年も覚えている。それもまた、尊いことだ。

# 与えられ、失われ、見守られ、愛される

会社員（女性）・46歳
杉並区・分譲マンション・3LDK
長男（21歳）とのふたり暮らし

# 父母の面影を追う

一九歳で父を、四二歳で母を亡くした。実家は二〇一四年まで下北沢にあった。その家は、退去前に取材したことがある。すずらんや椿など四季折々の花が咲く庭付きの古い大きな純日本家屋だった。亡き祖母がかつて茶道を教えていて、二〇畳余りの座敷には炉が切られ、台所には器好きなら垂涎《すいぜん》するであろう古今東西の焼き物がひしめき合っていた。器や茶花、茶道具をながめているだけで、いくらでも時間が過ぎてゆきそうな佇まいであった。

祖母、父、母を亡くし、その間に離婚をし、最後は大学生の息子とふたりで解体直前まで実家に住んだ。もうすぐこの家を手離してマンションに越すというときに私は取材で訪ねた。落ち着いた低い声でゆっくり冷静に言葉を選ぶ。どこか孤独で超然とした、静かな繭《まゆ》の中にいるような、独特の雰囲気がある。

終始、寂しいそぶりひとつ見せなかった彼女が取材後しばらくしてから、〈引っ越しで、何が寂しいかあえて聞かれると、毎年台所の窓にぺたりと張りつくヤモリと庭のすずらんと離れることです〉というヤモリの写真付きのメールを綴ってきた。孤高の人の、乾かぬ哀しみが透けて見えた。

二年後、今度は大学生の息子とふたりで住む西永福の新築マンションを訪ねた。

「これからゆっくり緑を増やしていこうかなと思っています」

広いベランダの隅に、買ったばかりの山椒《さんしょう》の苗とハーブの鉢がちょこんと三つ並んでいた。オープンキッチンにライトベージュのフローリング。モダンなリビングの一角に幅数十センチはある大きな父の遺影と、その横に小さな額に入った母の遺影がある。息子がいない日は、グラスにビールを注ぎ、「お父さんお母さん、私は今日頑張りましたでしょうか」と問いかけながら一口目を飲むのが習慣だ。

午前中なのにどこか午後の陽射しのような穏やかで丸い空気が部屋を包む。新築のピカピカ尖った感じがない。

彼女は住み慣れた下北沢への未練は語らない。だが、息子とスマートフォンゲーム「ポケモンGO」の話になったときのこと。

「下北沢だとどのへんに何がいるんだろう。あの家の近所の公園にはいそうだよね」

「ああ、あそこに行くと、俺、懐かしすぎてだめだ」

「私はピーコックの三省堂に小さい頃のあなたがいるような気がするのと、その下の中華であなたとばーばがご飯を食べている様子が思い出されてかなりまずいんだよね」

実家を手離してまる二年が過ぎようとしていたその日、初めて息子の告白を聞いた。

「俺、下北沢の家から引っ越す朝、じつはお座敷で号泣したんだ」

その下北沢に住む私に、不動産についていくつか聞いてきた。いつか慣れ親しんだホームタウンに戻るつもりでいるに違いない。

テレビ局員の父の仕事の関係で子ども時代はイギリスで暮らした。父はオペラの日は「これが正装だ」とおもしろがって着物で出かける。あらゆるスパイスを取りそろえ、たまの休日には、八時間かけてカレーを煮込む。帰国後、下北沢でも母と手をつないで歩き、「いつも手をつないでいますね」と近所の人に冷やかされても意に介さない。近所の酒屋に勤める御用聞きの青年といつのまにか仲良くなっていて、「あいつはおもしろいやつなんだよ」と言い、青年も配達の際、試飲用のワインや日本酒などをこっそり紛れ込ませてくれたりした。人を年齢や肩書きはもちろん、人種や育ちで区別しないリベラルな人柄だった。

「でも、幼い頃はにんじんやセロリやきゅうりやなすを死ぬほどみじん切りにしてグツグツ煮込む父のカレーがあまり好きじゃなくて。だんだんおいしいなと思い始めた頃に亡くなってしまったので残念でした」

いっぽう母は母で、和洋中なんでもござれの料理上手。イギリスでは、テーブルクロスの上に庭で手折った花を必ずちょこっと飾る。器選びや盛りつけも自己流だがセンスは抜群で、アルバムを見るだけでもテーブルコーディネートの美しさがひと目でわかる。

けっして前にしゃしゃり出ず、いつも笑顔。穏やかでのんびりした性格だと、彼女は長い間思い込んでいたという。ああいう人だから母の懐で父は自由にできたんだな、と。

だが今は、母のルーツを親戚に聞いたりしていくうちに、どうもそれは違うんじゃないかと思い始めている。

「のんびりは気質ではなく、後年身についたものだったのかもしれません。亡くなってから最近、思い始めたことなのですが」

不意に今頃繙《ひもと》かれはじめた母の謎は、子ども時代まで遡る。

## 絶望の先にあるもの

「母は幼い頃から病弱で、一〇代で大病をして、ひとり東京に長く入院していたのです。そのために大学も三年遅れの入学でした。その病室で、生死の境目にある患者さんたちの明るい振る舞いや気遣いを目の当たりにし、大きな影響を受けたようです」

なんとか健康を取り戻し、二六歳で結婚。夫はもちろんのこと、同居の義母が敬意をもって接してくれた。それが大きな喜びであり、だれかに必要とされ、感謝される経験が自信を育んだ。

「家族に慈んで育てられただけに、長くひとりぼっちで病と闘っていた頃はきっととてつもなく寂しかったことでしょう。だからこそだれかに頼りにされ、一心に愛情を浴びる生活に

大きな生きがいを感じたであろうことは容易に想像できます。私の知っている母のあの穏やかさは生まれつきのものではなく、病気という絶望を乗り越えた末にたどりついた境地だったのではないかと今思うのです」

なぜ、今か。

「うーん。今の自分がまさに同じように感じているから、ですね、きっと」

私を見ながら、私の向こうに両親を見ている。そんなはるかなまなざしで、彼女はゆっくりと言葉を紡ぐ。

「父が亡くなったときも喪失感はありましたが、まだおばあちゃんも母も姉もいた。ところが三年前、母が亡くなったときから今もまだ、いないということにびっくりしている。からっぽの気持ちが続いています。人にはそう見えないと思いますが、もう自分の気持ちはこれ以上あがらないとわかる。仕事をしているので、かつての自分はそれなりにぎらつくこともありましたが今はその元気がない。ある意味とても穏やかな心境です。かつての母と理由こそ違いますが、なんらかの絶望を乗り越えた上でのあの穏やかさだったんだろうなあと、時空を越えて母の気持ちが理解できるような、感覚が重なる瞬間があります」

身内を亡くすとは、これほど深い空虚を人にもたらすものなのか。私は彼女の希望のありかを探りたくなった。でないと、この取材はやりきれない。

はたして、糸口は母の料理の話のなかにあった。

「母のところには、なにしろ訪ねてくる人が多かったんです。父の同僚の奥さんとか海外赴任時代の友だちとか。今から行きたいって電話が来ると母は多くは聞かず〝じゃあ今天ぷらを揚げるからいらっしゃい〟と言って、姉さんかぶりをして汗だくで揚げて、素麺をゆでたりしていました。そういう人たちに、この家はほっとする、和むとよく言われていたのですが、母がかもし出す空気感だったんですね」

なかには、それほど何度も会ったことがない人からの相談ごともあったらしい。

子どもの頃は、「そんな相手をするのはやめなよ」と言ったこともあるという。母は上からでも下からでもなく、弱っている人にただそっと寄り添う。なぜ、ああいうことができたのか。

「自分も哀しい気持ちを知っていたからだと思います。一〇代の頃の不安で心細い経験があったからこそ、寄り添うことができたんだろうな」

それからめいっぱい夫に愛された。近所の目が恥ずかしくなるくらい、手をつないで歩き、ふたりの外出を楽しんだ夫から無償の愛を死ぬまで注がれ続けた。その存在を丸ごと愛されるという幸福を知って、母は他者にも無償の優しさを注げる人間にゆっくり変わっていったのだろう。

彼女はこれからも、この喪失感と付き合っていく。あるとき、愛犬を亡くした友だちが詩をコピーしてくれた。その一節が今も胸にある。

私に与えられるもの
私から失われるもの
どちらも私を創っている

皆川明「振り子」

与えられたものと失ったものでできた彼女は、母がそうだったように、痛みがある人に寄り添える特殊な能力を持っているようだ。仕事場で、プライベートで相談ごとを持ちかけられることが多いらしい。

ピアノの横の遺影のふたりは、やわらかな優しい微笑みをこちらに投げかける。彼女は与えられ、失ったかもしれないが、永遠に見守られてもいる。

# 人気フードブロガーの恋

会社員（女性）・40歳
杉並区・賃貸マンション・２LDK
恋人（40歳・会社員）とのふたり暮らし

# 店自慢の男

飲み会に遅れてきたその男は、自慢げに彼女に言った。

「俺は食べ物に詳しいんだ」

あの店もこの店も知ってると、やたらに吹聴する。食べることが大好きな彼女は家で作ったものや、食べ歩きした店を備忘録代わりに友だち向けにブログに書いていた。適当につけたブログネームは、〝ツレヅレハナコ〟。餃子がおいしいと聞けば千葉の行徳《ぎょうとく》まで出かけ、評判のパキスタン料理を食べに埼玉の八潮《やしお》へ颯《さっ》と赴く。外食ばかりでなく、自宅で作る料理も和洋中、エスニックと守備範囲は膨大。とくに中東やアジアの料理が好きで、家でもよく作る。リビングの冷蔵庫の側面には、乾燥させたトルコのナスとパプリカの皮を紐で結わえてマグネットで留めており、水で戻して、トルコの代表的な惣菜ドルマを作るのに使う。スパイスを混ぜた米や肉を詰める料理だ。塩は料理に合わせてつねに三種類は使い分け、だし用の昆布も真《ま》昆布、利尻、日高とストックのバラエティが豊富。それらを綴ったブログは、食に関して飽くなき好奇心があり、博覧強記という言葉がぴったりだ。

そんな、ふりきれ気味の料理好きが、友だち向けに書いていたつもりのブログのアクセス数が毎日倍々ゲームのように増え始めていたときのこと。

食べ歩き好きの彼女にとって、飲食店の話ばかりしてくる男は少しイラつく存在だった。

気がついたら、互いに〝自分が好きなおいしい店情報〟をまくしたて、はりあっていた。

数分後、彼が友だちにこう宣言した。

「……うーん、参りました！　……ねえ、この人すごいよ？　俺、この人と付き合うわ！」

周囲は失笑。彼女は――。

「ムカツク人だなと思いました。ぐいぐいと押しが強いし、勝手に付き合うとか言ってバカにされているのかなと」


店自慢は彼が白旗をあげたが、次のデートの約束は彼の作戦勝ちだ。

前から彼女が気になっていた予約の難しいビストロに誘ってきたのだ。店に惹かれてしかたなしに出かけた彼女が席に着くと、彼はいきなりきりだした。

「で、俺たち、いつから付き合います？」

は？　とあっけにとられている彼女を尻目に矢継ぎ早に言葉を繋げる。

「結婚したいんだ」

「ムリムリ。私、今彼氏がいるし」

「え？　そうなの？　……じゃあさ、早く別れてこいよ！」

歴代の恋人はみな優しく穏やかな人ばかりだった。彼女は懐かしい目で振り返る。

「とにかくぐいぐいくる、初めて見る変な人。そして食べることが大好きな人でした」

半年後、その彼と三三歳で結婚。ツレヅレハナコの名はフードブロガーとしてますます人気となり、本業の編集の仕事とブログと食べ歩きと、四歳上の食いしん坊な夫との生活は順風満帆に二年続いた。

なぜ二年か。彼は進行性胃がんに冒され、結婚生活わずか三年半で天に召されたからである。

## まるっとよろしくおねがいします

彼は外でワイワイ食べるのも好きだが、家に客を大勢招いて、彼女の手料理で盛り上がるのも大好きだった。

「私って本当に食べ物の話しかしないんだなあって、彼が胃がんになって初めて気づきました。それをのぞくと話すことがないって、ちょっとショックでさえありましたね。でも彼の前で食べる話はできないから、昔話や飼い猫の話ばかりしてました」

亡くなる前の一ヶ月は、自宅で過ごした。病院より家のほうがずっと落ち着くし、自分は食べられなくても、来客と楽しんでいる彼女のようすを見るのが彼にとっても喜びだった。

最期につくった料理はなんでしたか。そう聞くと、それまでおもしろおかしくインタビュ

ーにすらすら答えていた彼女の目がみるみる涙でいっぱいになった。

「土鍋で炊いた牡蠣《かき》飯です。彼の大好物で。おいしいおいしいって。でも胃ろうで飲み込めないから、咀嚼《そしゃく》したらティッシュで外に出して……」

一緒に暮らした人の死を、潔く、曇りのない瞳で語れるようになるには、いったいどれくらいの時間が必要なのだろう。

長いまつげが濡れ、フォークロア調の赤いイヤリングが、まるで彼女の震える心のように大きく耳元で揺れていた。


「仏壇も持ってきます。それでもよければ、まるっとよろしくおねがいします」

八ヶ月前から、恋人と新しい住まいで暮らしている。彼もまた大の料理好きだ。出会いはもちろん飲み会である。「この人、燻製《くんせい》が得意なんだよ」と紹介された。男女の、いや彼女の恋愛の始まりには必ず酒とおいしいものの話が不可欠らしい。

大きな窓から明るい陽射しがふりそそぎ、リビングには八人掛けの大きなテーブルがどーんと構えていた。冷蔵庫は彼のと自分のと二台。普段の食材用、お酒や燻製の仕込み用と分けている。台所も、こんなに鍋やバットやボウルはたくさんいるだろうか、と思いきや、彼との同居で料理道具が増えてこのありさまなのだという。収納が充実した台所には、吊り戸棚とシンク下で一五の開き戸が付いている。そのどこも溢れんばかりに料理道具が満杯だっ

た。

そんなふたりの会話は、あいかわらず食べることばかり。

「今夜何食べる？　とか、これ取り寄せようと思うけどどう思う？　とか。朝からずっと食べ物の話をしていてもいやがらない人で。おまけに人を呼ぶのが彼も好きなんですよね。私の女友だちともすぐ仲良くなっちゃう」

そう、彼女が言うように、天国の彼も彼女が楽しく暮らすことを望んでいるに決まっている。

ブログは評判を呼び、ツレヅレハナコ名義の著作が二冊生まれた。この先も食にまつわるはっきりとした夢があり、今はそれを叶えるためにさらに酒と食べ物を追求し、人脈を広げ、研究を掘り下げている。

「人生短いしなーって思って」と、彼女は微笑んだ。

こんな書き方は変かもしれないけれど、ずるいなと思った。なぜって、現世と天国の二つの次元で、愛する食いしん坊の男ふたりから、行く末を見守られているのだから。

# 結婚五四年。団地暮らしの夫婦のものさし

無職（女性）・76歳
東大和市・賃貸団地・4DK
夫（78歳・無職）とのふたり暮らし

夫は美術大学の教壇に定年まで立った。妻は美術学校卒業後、中学校で図工教員を一年務めた後、出産で退職。子育ての傍ら、織物を学び、長年製作を続けてきた。ふたりとも家で書いたり、作ったり。さらに公団の2DKで三人の子を育て上げた。ところで今の住まいも、団地のこぢんまりとした4DKで、すこぶるコンパクトだ。にもかかわらず、だれもが長居をしたくなる独特の居心地のよさがある。最初に訪ねたとき、この気持ちよさはなんだろうと思った。注意深く見回すと、選び抜かれた必要最低限の家具、調理器具、器。荷物はとても少なめで無駄がないのだが、ひとつひとつの生活道具のデザインがどれも美しい。年季の入ったものが、けっしてシャビーではなく、味わい深い質感を帯びている。

南の窓から入る陽射しが一日中明るい。出された紅茶は香りゆたかで、冷やしたシャインマスカットは絶妙のみずみずしさで。そのうえふたりの仲が睦まじい。偶然必然、いろいろな要因があいまって、このやわらかな空気が醸成されている。

五四年間連れ添う夫婦の団地の台所は、不要なものは何もなく、必要なものだけが美しく機能的に備わっていた。

## 魔法の台所

「美大の同期で付き合って、二二歳のできちゃった結婚なのよ」と、彼女は肩をすくめた。

母のような年齢のその人に、〝チャーミング〟という形容は失礼に違いないが、いちばんしっくりくる。シルバーグレーの髪を後ろでお団子にし、丸メガネ。小柄で、よく笑う。のんびりした口調のお話し好き。新婚時代から、来客が多かったというこの家の、彼女はきっと朗《ほが》らかなホステスとして人気だったに違いない。けれども、この世代の女性の多くがそうであるように、けっして夫より前にしゃしゃり出ない。

初めて訪ねた日の長い取材の後、「ありあわせだけれど」と、ベーコンのだしのきいた酢キャベツソーセージがさっと出された。おもいのほか遅くなってしまったため、急遽夕食をいただくことになったのだ。ダイニングに面したコンパクトな台所で、彼女がちょこちょこと動き回る。レーズン入りポテトサラダ、自家製のソーダブレッド、バターが卓に並ぶ。酢キャベツソーセージにマスタードを添えるとまた格別な味で、私は勧められるままに山盛りのおかわりをしていた。傍らにはワイン、次にアイリッシュウイスキーのグラスが。

もてなしに必要なものが次々と、台所のあちこちから魔法のように出てくる。私は主婦業を五十余年やっている人の手慣れた所作に、いつまでも見とれていた。

住まいを清潔で快適に保ち、限られた空間でやりくりしながら、おいしい料理を作る。彼女の姿を見ていると、〝主婦のプロ〟という言葉が浮かぶ。

だれもが大学に進めるわけではなかった時代に美大に進み、教員の職を得ながら、二二歳で結婚、出産。以来、家のことを切り盛りしてきた彼女のアイデンティティとはなにか。母業、主婦業で何を得たのか。

私は、その立ち働く姿から、誇りと自負のようなものを感じ取った。それは言葉では表しがたい。三人の子を育て上げ、五人家族を台所から支えてきた母親だけが持つ自信。それぞれ巣立ち、再びふたりという単位に戻った夫妻に通底する安らかな達成感。そんなたいしたものはないですよと笑われるに違いない。だが、このダイニングキッチンには私の知りたい人生のヒントがたくさん潜んでいる。ご本人たちが気づかないだけだ。たいがい幸福というのは、そのさなかには実感しづらく、通り過ぎた頃に、ああ、あれがそうだったと気づくものだからだ。


「大学卒業後、主人は研究室に残ったんだけど、無給なの。交通費だけは出たわね。なのに彼は、同僚や学生を家に呼ぶのが大好き。酒屋さんにはいつもツケでお願いしていました」

ねえ、そんなこともういいじゃないと、傍らの夫が口を挟む。

「だって本当だもの。井の頭公園に夕食用の草を摘みに行ったこともあったわよね、なずなとかつくしとか」

そうだっけ、そんなことあったかな。あったわよ……。なんだかふたりとも、貧しい頃の話をするのがひどく楽しそうだ。

「その頃からとにかくどうやって、お金がなくてもお客さんに喜んでもらえるか、頭を捻《ひね》り

野菜料理
2001
11/15

ました。鳥の皮をカリカリに炒めて味付けしたり、とろろに濃い目にだしをとった味噌汁を少しずつ混ぜたものに、割いた蒸し鶏、きりみつば、のりをトッピングしたとろろご飯も人気だったわよね。鶏肉、割くと量が増えるし、ふんわり口あたりがよくて子どもたちも五〜六杯おかわりしてた。お客さんたちはみんな我が家の苦境を知っているから、来るときは必ず肉や野菜を差し入れてくれる友人もいて、あれも嬉しかったわ」

ふたりが新婚だった昭和三〇年代は、いわゆる〝宅飲み〟が主流だった。夫は同僚や部下を引き連れ、家に帰る。どの家でも妻はあれこれやりくりしながら、精一杯の手料理でもてなし、酒屋の支払いを月末まとめて払った。女性誌の料理記事も、家庭の常備菜やつまみがメインである。彼女も、とろろご飯は「暮しの手帖」で読んでアレンジしたという。

「給料日は二五日なのに、すぐ本とお酒に消えちゃって五日にはもうお金がないの。お金がない生活って、きっとあなたの想像を超えたものよ。でもね、貧乏って楽しいものですよ。ないところで知恵を出して考えるのって楽しい。考えないですむ今どきは、案外つまらないんじゃないかしら」

## 手をかけたものには価値が宿る

最初は小さなアパート、次に公団の抽選が六回目で当たった。２ＤＫだった。子どもは三人で一室。イタリア製の二段ベッドを奮発した。

「小田急のハルクや銀座の松屋で、海外の家具を扱い始めた時代でね。勉強机はスウェーデン製。ふたりともデザインを勉強していたから、スカンジナビアデザインに憧れていたんですね。ダイニングの椅子も白木のベンチにして、ギュウギュウで座ってた。お金もないのに小田急のスカンジナビアフェアには飛びついて。私、あの頃どうやってやりくりしてたのかしら」

日本の家具も上質なものを選んだ。家具や生活道具を磨いたり手をかけるのが好きだ。たとえば床磨きも。

「結果が見えてむくわれるでしょう。無垢《むく》の床は拭いたら拭いただけきれいになる。道具や家具は、手をかけると価値が宿ります。ただ古くなったというのではない新たな価値がね」

講師から教授へ。夫は変わらず、毎年教え子や研究室のスタッフを家に招く。彼女はノートに、来訪者と献立を書いて備忘録代わりにした。

「お客様にふるまうのは楽しいの。普段作れない料理に挑戦できるから。電車で一時間かけて都心の輸入物を扱うスーパーへ行って、珍しい食材やブロックのお肉を買ったりね。民族博物館の季刊誌を見ながらリゾットやフォンデュやジャンバラヤを作りました。今のようにフォンデュセットなんてなくて、紀ノ国屋までグリエールチーズとエメンタールチーズを買いに行きましたね。とくに学生さんたちには、普段食べられない新しい食材を経験させてあ

げたかったの」

ミントサラダ、フランボワーズのアイス、ガスパチョ、ミートローフ。アペリティフからデザートまでフルコースで用意した。バイブルは「週刊朝日百科 世界の食べもの」というグラビアの料理誌だ。飽くほどながめ、来客時に料理に挑戦。新しい料理は楽しいし、勉強になる、と彼女は言う。

きっと料理や家の手入れはルーティンではない。その都度、知恵や趣向を凝らす創造的な作業だ。そこに、見返りや評価や、やらされているという発想はないのだ。日々、たゆみなく続くそこには、小さな発見や学びがある。おいしいと言ってくれる存在、居心地のよさを感謝する家族がいたら、それでむくわれる。

夫は昔から「おいしい」となかなか言わない人だった。あるとき、社会人になった娘が「お母さんにもっと感謝するべきだ」と怒った。それが嬉しかったと、彼女は語る。でも、本当はそれほど大きな問題ではないような気がした。なぜなら、私がもてなされた酢キャベツソーセージを彼はそれはおいしそうに平らげていた。「遠慮せず、どんどんおかわりして」とも勧められた。うまいでしょうこれ、と彼の顔に書いてあった。

「冷蔵庫がもっと大きかったらとか、広くて素敵なシステムキッチンだったらとか憧れはあるけど、でも広げたからって料理がおいしくなるわけじゃない。なければないなりにできるもの。それに今台所を広げても、夫以外に喜んで食べてくれる家族がもういませんからね。

今は、ひとりでのんびり台所仕事をするのに、ちょうどいいサイズだと思っています」

子ども三人のうちふたりはイギリスの美大に留学させた。教育、旅、本。あるいはだしやスパイスから忠実に作る手間暇かけた各国料理。そういうものには金を惜しまない。その代わり、ブランドのバッグや宝石や高級マンションには興味がない。いうなれば、後者は誰かが価値を決めたもの。前者は、心に貯まる宝だ。家庭に文化的資産というものさしがあるとすれば、この家は間違いなくとびきりゆたかだ。ものがもたらす幸福など、たかが知れている。

娘からの国際電話はいつも料理の話になり、息子からはレシピを尋ねるメールが届く。心づくしの料理に人々が舌鼓《したつづみ》をうち、いつも笑いに包まれている。そういう食卓の思い出を胸に、今はそれぞれの家庭を営む三人の子どもたちが羨ましいと思った。何を持ち、何を持たないか。夫婦の選択は示唆に富んでいる。

# 路上生活夫婦のあるきまじめな日常

無職（男性）・73歳
福生市・小屋
妻（無職・67歳）とのふたり暮らし

この夫婦を、路上生活者と呼ぶのはどうもしっくりこない。適切な形容かわからないが、全体に、〝きちんと〟しているのだ。食生活も、身なりも、自作の住まいの佇《たたず》まいも。ただ、正確に記すならやはり〝不法占拠者〟となる。

河原に小屋を建て、遊歩道から住まいまでの数メートルの小道に防草シートを敷き、歩きやすくしている。菜園には整然と組んだ支柱とネットにゴーヤがぶら下がっている。地面にはししとう、ミニトマト、ニラが。石灰と肥料で土を作り、苗から育てた野菜がなにかしら一年中収穫できるという。

最初に訪ねたときは、奥さんが居合わせて料理の話が止まらなかった。ブルーシートと木材で作った青空台所とレンガで組んだ竈《かまど》とバーベキューコンロで、たいていのものを作ると言う。

「小麦粉を薄く溶いたものに桜えびを入れて鉄板で焼くと、お好み焼きみたいでおいしいよ。刺し身が残ったら、冷蔵庫がないから海鮮炒めにすると二度楽しめる。お吸い物もよく作るよ。この間のお雛さんの日は貝のお吸い物にしたよね」

刺し身、お雛様。こちらが勝手に抱いているイメージから遠い言葉が次々飛び出す。そもそも、ホームレスの人はこう、と紋切り型に決めつけるのは誤りで、人によっては案外ゆたかな食生活をしているのだなという素朴な感想をもった。

家の前にはキャンプ場のような大きな木のテーブルと簡易な椅子があり、缶コーヒーで、もてなされた。梅干しが好きでいろいろな料理の隠し味にちょっと使うとのこと。妻と私が話し込む横で、寡黙な夫がひたすら空き缶をプレスしていた。敷地の奥に、ぺちゃんこの空き缶が二メートル余りの高さに四角く、きれいに積み上げられていた。

河原一帯のホームレスの人々の住まいを何軒か訪ねたが、だれよりも彼らの住まいは整然としていた。小道を自力で整備し、畑をしている人は彼らしかいない。ほかはたいてい洗濯物がはためいているのだが、その家にはない。聞くと、コインランドリーを使うのだそう。

前著『東京の台所』で取材したときは、電話など一切の連絡方法がないので、校正刷りもじかに届けに行った。三回訪ねてやっと今回、身の上話の一部を聞くことができた。

夫は日焼けした顔に前歯が上に一本、下に一本。いつ訪ねても髪は短く整い、身なりも清潔だった。くしゃくしゃの笑顔で、少しはにかみ屋。言葉に故郷の青森のイントネーションが色濃く混じる。妻は快活でおしゃべり好きだ。最初に訪ねたとき、彼女は台所を「そんなところ恥ずかしいから写さないで」と半分笑いつつも、強く抵抗した。「まあ、いいんじゃないの」と穏やかな口調で夫が中に入ってくれなかったら、あのとき撮影できなかったかもしれない。

「僕が思う美しい家」

この家とめぐりあうきっかけは、福生《ふっさ》の米軍ハウスを美しくリノベーションして住む若い造形作家が作ってくれた。布もの作家の妻とともに六年かけて長野の黒姫《くろひめ》の森を開拓。セルフビルドの家と牧場を建設中である。倒れそうな古いハウスを、自分たちの手でクールに改装し、自宅兼ギャラリーにしている。私は好きな家ベストテンをと言われたら、河井寛次郎《かわいかんじろう》自邸や柳宗悦《やなぎむねよし》の日本民藝館とともに彼の家を挙げる。

長年のライター生活で編み出した、鮮烈な取材先を見つけるコツのひとつに、〝素敵な人には、その人が影響を受けた人を三人尋ねる〟というのがある。素敵の先には素敵の系譜がある。既出の情報にはない新鮮なネタが見つかる確率が高い。そんなわけで、彼の米軍ハウスの取材後も、すかさず聞いた。

「あなたが素敵だなと思うお家、紹介してもらえませんか」

彼は、しばらくした後、意を決したように言った。

「僕も中を見たことがないし、ご夫婦っぽいんですけど、どんな人が住んでいるか知らないんです。だから取材を断られるかもしれません。それでもいいですか？」

もちろん。

「じゃあ近所なのでこれから近くまで案内しますよ。今日は僕は用事があるので、その先はおひとりで行ってください」

そうか、彼は来ないのか。なんだか訳ありだなと思った。そもそも住人を知らないとは、これいかに？

「ホームレスなんです。でもきっとあの家の台所は素敵だと思う。僕は犬の散歩で通りがかるたび、美しい家だなあと思う。自分で植えた榊《さかき》の防風林に囲まれて、セルフビルドの小屋がある。そこに行くまでの小道もなんだか、日本旅館のそれのような佇まいなんです。何から何まで手作りで、無駄がなくて、本当にいい家なんです。ぜひ取材して、中がどうだったか、僕に教えてください！」

それがくだんの河原の住まいだ。

## 女房と酸素

ゆるやかにカーブを描く粋な小道は、とても自分で整備したとは思えない立派なものだった。木々が生い茂るその向こうに木造の小さな家が見える。小道から先、緑の中にちょっと見える板塀のシルエットは、雀のお宿のように、異郷めいていて現実感がない。この先にほんとうに人が住んでいるんだろうかという雑木林のなかにある。林の向こうは川だ。

おそるおそる道を進むと、突然視界が開けた。小さな広場がある。左に屋根とブルーシートで三面が囲われた簡易な台所、右手に柱とベニヤで組んだ小屋。奥に畑が見える。広場には椅子とテーブル、水を入れたポリタンクがふたつ。不思議そうな顔をして、空き缶プレスの手を止め応対してくれた夫。家の中から怪訝《けげん》そうな顔で出てきた妻。取材をしたいと告げると、彼女は「ああ、そんな人が年に何度か来るよ。うちの猫ちゃんを撮ってよ」と初めて微笑んだ。

それから二年半。三度目に訪ねたときも、初めて会ったときと同じように、夫が庭仕事をしていた。「以前伺ったライターの……」と話しかけると「ああ、うん。覚えてる」と、にっと笑った。黒いタートルネックのシャツに青い作業ズボン、運動靴。老けていない。太っても痩せてもいず、こざっぱりした身なりだ。

「台所の取材でまた伺ったのですが、今日は奥さんは？」

「友だちと温泉旅行に行ってるんだよ。もうすぐ帰ってくるって電話が来ると思うだけど」

「え、携帯持っているんですか？」

「コンビニでチャージするやつ」

「プリペイド式のやつですね」

「そ、あれだと請求書とか振込とか、面倒なことしなくてすむから」

今日は料理好きな奥さんとのお話を聞かせてほしいと言うと、「そんなたいしたもんじゃ

ないよ」とはにかんだ。「でも、すごく料理が上手ですよね、前に来たときも桜えびの薄焼きのお話をしてくださいました」「ああ、あれね。あれはうまいね」

立ち話が始まった。奥を見ると、空き缶の山と煮炊きに使う竈がなくなっている。

「今年の夏はあまりに暑くてね。俺も七三だから体にこたえて。仕事はしなかったんだ。もっぱら野菜作ったり、もう一個小屋を建てたりしてたよ。竈はさ、この辺歩く人が煙を見て火事じゃないかって通報されちゃうんだよね。昔はそういうことなかったんだけども。今はほら、みんな携帯持ってっから。すぐ通報されちゃうんだよ」

この暮らしに、理由のないはずがない。こぼれる少ない言葉から、歩んできた道とそうせざるをえなかった理由を、想像するしかできない。

そんなふうにして問わず語りのようにして聞いた話をつなぎ合わせると、彼の半生は次のようになる。

昭和一八年、青森市郊外に農家の次男坊として生まれた。中学卒業後、市内のタイル屋に就職。タイルやブロックを施工する土木業である。三歳上の兄は青森で板金屋《ばんきんや》をしているが二十数年会ってないので「生きているか死んでいるかはわからない」。二五歳のとき長兄が結婚し、嫁をもらったので自分は実家を出た。「狭い家だし、兄貴を邪魔しちゃ悪いと思ったからね」。ところが仕事が減り、給料も減り始め、ひとり暮らしはきつい。新たな職を求め、北海道に渡った。

「いやあ〜、北海道は寒かった！　これは住むところじゃないと思って一ヶ月で退散したよ」

向かった先は東京。職業安定所の紹介で就職したのは、福生市の社員寮付きの住宅設備の会社だ。配管工として、マンションや病院、老人ホームにスプリンクラーを取り付ける仕事をした。正社員としてここで定年まで勤め上げた。途中で寮を出て、アパートでひとり暮らしをした。結婚は四一歳。福生市内の借家で新婚生活が始まる。

「女房とは赤線《あかせん》で知り合ったの。知ってる？　ベトナム戦争の頃はまだ赤線があったんだよ。フィリピンや海外からもたくさん働きに来ててね。ベース（基地）もあるし、にぎわってたの。でもベトナム戦争が終わって一〇年もすると、さあ〜って外国の子たちがひきあげちゃって。女房だけ寂しそうに売れ残ってたからね、最後に拾ってやったんだよ」

拾ったなんてそんな言い方はひどいですと言うと、彼は少し真面目に言い直した。

「俺も年齢が遅かったし、結婚するならこれが最後のチャンスだ、のがしたら結婚できないって思ったんだ」

鹿児島出身の妻は、集団就職で名古屋の織物工場で働いた後、上京。福生の「赤線」と呼ばれるエリアに行き着いた。赤線とは、公認の売春エリアの俗称だが、一九五八年に売春防止法によって廃止されている。横田基地のある福生の赤線跡には、飲食店や風俗店が今も軒を連ねる。地元民の多くは、その地を福生赤線と呼ぶ。俺は今も年に一度は風俗に行くんだと、そこは不思議なほど臆せず、教えてくれた。

籍を入れた年、鹿児島の料亭で親戚にお披露目をしたのが結婚式がわりになった。

今の暮らしを始めたのは定年後だ。

「退職後は手当たり次第、配管のアルバイトをしたよ。でも会社を辞めると怪我をしてもどこからも金がおりないからね。かといってその年じゃ、どこにも就職できないし。配管はとにかく体力的にきつくて、年とってできるようなもんじゃない。そしたらどんな仕事がある？　先々のことを考えて、こういう生活になったんだよね」

病院やマンションに設置するスプリンクラー用の配管は約六〇キロあり、ひとりでは取り付けられない。とくに暑い夏はもうろうとして、怪我をしやすいという。仕事はあるので生活保護は受けられない。だが山谷《さんや》も、路上生活者のための支援者が集う新宿公園も行ったことがない。現金収入が別にあるからだ。

じつは銀行口座には退職金があり、月々の年金も振り込まれる。携帯を持ち、銭湯やコインランドリーに行けて刺し身を買えるのは、年金があるからだ。これは、知人に住所を借りて受給している。知人には手数料を払っている。

「年金を作るには口座がいる。そのためには住所がないとね。住所を貸してくれる友だちは、持ち逃げされたり消えちゃったりで、今四人目だよ」

河原の立地は、会社員時代、バーベキュー行事で来て目をつけていたそう。

「公園が近いから水がある。河原の中でもここは少し土が盛り上がっていて、高いから浸水しにくいしね。少し歩けばスーパーと銭湯があるから暮らしていけると思ったんだ」

なんというか、用意周到。この暮らしに流れ着いた、というより、先々のことを考えてこの暮らしを選んでいるように聞こえた。ここに来てしばらく、妻は赤線エリアのスナックの手伝いに行き、夫は去年まで廃品回収のバイトをしていた。一度、大雨で家が流され、一〇メートルほど公園側に移動して小屋を立て直した。

二年前訪ねたときは、ゆくゆくは妻の鹿児島の実家に帰ろうと思っているのだと顔をほころばせていた。その話はどうなったか尋ねると、「暑いしね、あっちは。親も姉さんも死んじまって空き家になってるらしいけど、この歳で新しいところに行くのもね、ちょっとめんどくさくなっちゃって。慣れてるからさ、ここの暮らしが」とだけ言い、多くを語らなかった。帰るに帰れない理由があるのか、あるいは、そもそも夢物語だったのか。答えは霧の中だ。

この先のことは考えていますか。単刀直入に聞いた。彼は遠くの団地に目をやりながら答えた。

「わかんね。あんまり考えると頭おかしくなるから。でもあの団地は、ひとりもんが多いんだよ。毎年バタバタ死んでく。身寄りがないからみんな無縁仏になっちゃうんだよね。死んだあと役所が片付けに来るからわかるんだよ。住所と口座さえあれば、最後まで生き残れる。

あとは女房と酸素があればいい。ここはいい酸素いっぱい吸えっから」

## 規則正しい日々の生活

敷地の周囲は一二年前に植えた常緑樹の榊が三メートルほどに生長し、日よけと風よけと目隠しになっている。

「葉が落ちないところがいいと思って。今、ここにも新しい苗を植えてるんだよ」

数十センチに育った榊が、行儀よく縦一列に並んでいる。水は四〇リットルのポリタンク二つを常備。手や顔を洗ったり、料理に使う。水は公園から汲んでくる。煙の出る竈は使えないので、ストーブで煮炊きをする。雨が降りそうな日は、外で早めにシチューや煮物を多めに作っておき、温めればいいだけにしておく。妻が温泉に行く前夜の食事はご飯とマーボーナスだった。妻は、スナックの手伝いで料理をしていたので、レパートリーが広い。お酒は毎日一合ずつ。薩摩焼酎が好きだ。朝七時起床、夜九時就寝。最も気をつけているのは火事と感染症だ。

「カセットボンベで火事を出して死んでいる仲間が何人もいるから、俺は使わないんだ。あれがいちばん危ない。公園のトイレを借りたら、こっちに帰ってきてもう一回石鹸でよく手を洗うよ。俺らは感染症から風邪引いたり病気になることが多いからね」

ポリタンクの横の木に、ネットに入った石鹸がぶら下がっていた。あとは、食べ物を喉に詰まらせないよう、なんでも小さく切って食べるようにしている。

「とくに肉が危ないね。必ず一口サイズにハサミで切って食べるよ。若い人は大丈夫だろうけど、俺らの年齢になると喉につかえて死ぬこともあるからね」

妻は友だちが多いが、だれにも住まいのことを告げずに付き合っているという。

「ときどきお茶飲みに来たいなんて言われるらしいけど、どうにかこうにかごまかしているみたい。今日の旅行に行っている友だちも、俺らがこういう場所にいるのってだれも知らないよね」

その妻は、少し血圧が高く毎月通院しているのだと心配そうだ。鹿児島に帰るのはどうですかと、不躾《ぶしつけ》に聞いた。

「鹿児島の川内《せんだい》っていう終点の駅でさ。女房の実家はその端っこの集落なの。そんなとこ行ってもやることないし、こっちなら畑もこの家もある。それにあんまり先のことを考えると頭がおかしくなるから。考えねえんだ」

再び同じ答えが返ってきた。先のことを考えて始めたはずのこの暮らしの先は、もう考えないと言う。今日、明日、明後日は見えるが、一年先、二年先は見えないし、見ることをやめた。老け込んでは見えなかったが、確実に歳月がこの人にも降り積もっている。吹きさらしの青空台所で、健康に暮らせる時間が長くないことをきっとだれよりも知っている人に、若輩者がかける言葉などない。

さしでがましいことはやめ、じゃあこのへんでと私は腰を上げた。夫が敷地の入り口まで見送る。板塀には、拾った刷毛《はけ》と余ったペンキで描いたという抽象画のような模様が。「お上手ですね」と言うと、「昔から絵を描いたりものを作るのは好きだったんだ」と照れながらつぶやく。

この家も畑も開拓した広場も小道も何もかも、彼の手から生まれた。その事実だけがずっと変わらず今ここにある。

じゃあまた。

「あっち真っすぐ行くと公園に出っから」と彼。

手を振りながら私は、美しい家なんです、という造形作家の言葉を思い出していた。

# 離婚。味覚をなくした先に……

会社員(女性)・38歳
杉並区・賃貸マンション・1K
ひとり暮らし

## 震災離婚!?

3・11からまる二日間、東京の自宅にいたはずの新聞記者の夫と連絡が取れなくなった。なんとか帰宅すると、家具は倒れ、食器が散乱。夫はどこに行ったのか。だれに聞いてもわからない。彼の身になにかあったかと、生きた心地がしなかった。

二日後。電話が来た。

「被災地に入っていて、いつ帰れるかはわからない。それで現場はね……」

現場のすさまじさを興奮気味に話し、一方的に電話は切れた。

彼女が聞きたかった言葉はない。

「仕事柄、その行動も気持ちもとてもよくわかる。でも、大丈夫か？　はひと言もなかった。私は彼の心配する対象じゃなかった。それまでもずっとそうでしたが、私に関心がないんだとはっきり悟りました。そのときですね、もうこの人とは無理だと思ったのは」

彼女は静かに振り返る。

交際しているときから、なにかあると「じゃあ別れよう」と簡単にリセットしたがる人だった。「私はもっと向き合いたかったんです」と言う。ふたりの時間をどんなに一生懸命積み重ねても、その一言でなにもかもがゼロになる。その繰り返しの先に震災のできごとがあった。

息が詰まるような話し合いの末、結婚生活の解消が決まった。彼は彼女の主張を受けいれた。もっと向き合ってほしかったという声が届いたかどうかは今もわからない。

「共働きで平日は食事もバラバラだったのですが、私は料理が好きで、土日は作っていました。それだけが唯一妻らしい仕事だったかもしれません。彼はなにを作ってもおいしいおいしいと言って食べてくれる人で。よく料理をほめてくれていましたね」

まだ好きなんですか？　と尋ねると笑い飛ばされた。「それはないです。もう会いたくはない」

初対面の人間には軽々とは言えない重い記憶があるのだろう。

「別れる最後の日まで食事はちゃんと作るから」と宣言した。彼女なりに、妻らしい最後の時間を全うしたかったのかもしれない。

「最後の夕食はなにを食べたい？」

「うーん、カレーかシチューかなー」

よく、彼は「煮込み料理の香りがする家に帰れるのがうれしい」と言っていた。カレーは外でも食べられるが、シチューは外食ではあまり見かけない。それもあってとりわけシチューは彼の好きな家庭料理のひとつだった。

彼女は、かぶやきのこなど、その時の旬の食材をたっぷり入れて、ていねいにシチューを作った。

「いつもならふたりで食べきれる量しか作らないのですが、彼がひとりでも食べられるようにいっぱい作って小分けして冷凍して。別れる男のために私何やってんだ？　と思いながら保存容器に詰めてました」

離婚後、選んだ物件は阿佐ヶ谷の２ＤＫで、１Ｋの今の家ではない。ひとりには広すぎるようなぜいたくなマンションだった。

「ひとり暮らしに戻るけれど、部屋も冷蔵庫も洗濯機もなにもかもサイズダウンしたくなかったんです。なにがなんでも２ＤＫを探そうと躍起でした」

しばらくして彼女はある変化に気づいた。味覚がない。何を食べても味がわからなくなっていた。

## 料理回復の３ステップ

あんなに好きだった料理をする気にならない。なにを作ってもおいしくない。どうせひとりしかいないのに一生懸命作ってもしょうがないと思った。

コンビニに毎日通うようになった。

「ひととおり、コンビニのものを食べ尽くすと、飽きてしまって。空腹なのに、なにひとつ

食べたいものがないんです。あとは友だちを誘っては飲み歩いていました」

　地方で生まれ育ち、ひとり娘で両親から存分に愛情をあびて育った。離婚で、その両親を悲しませたことも苦い記憶になった。

「元夫は複雑な家庭に育ったせいか、難しいところがあったけれど、もう少し私が努力してどうにかできなかったかな、こんな年になって田舎の両親を悲しませることしかできなかった自分、当たり前のように幸せな家庭を作ろうと思っていたのにそうできなかった自分を責めていました。インターネットの離婚の掲示板を見ると、うつ病になったとか、心療内科に通院したという体験談が載っていて、よけい滅入るばかりで。泣けない私は心が壊れているのか？　と自問自答していました」

　しかし、もともと自分で作ったものがおいしいと思うごく当たり前の生活をしていた人だ。コンビニと外食の生活が半年続いたある日突然、限界が来た。

「食べたいものがひとつもないのにコンビニに寄る生活がもう嫌だと思ったのです。出来合いのものを食べるのはもう嫌だと。だったら味噌汁一杯でもいいから自分で作ったほうがマシじゃないか、と」

　通勤路にスーパーがあったので、おそるおそる寄ってみた。半年ぶりに食材を買って作った五年前のメニューを今も覚えている。ご飯と味噌汁と焼き魚。

「作るというほどの料理じゃないです。焼くだけ、炊くだけ。でもなんておいしんだろう！　と。こんなに簡単でおいしいものをなんで作らなかったんだろうって思いましたね」

だからといっていきなり料理に復帰したわけではない。人の心はそう簡単にリセットできないのだ。いわば、その日が料理回復第一段階。第二段階はその週末である。

「休日に、よし、台所に立ってみよう、もうちょっとちゃんとした料理を作ってみようと思い立ちました。でもできるかどうかは半信半疑でしたね」

味覚も微妙。先日の味噌汁のように、おいしいと素直に感じることができるかはわからない。

選んだのはシチューである。

「ある種のショック療法です」と彼女は笑った。

なぜ味覚がなくなり、料理から遠ざかったのか。それは台所に立つと、あの最後の日、やるせないどん底の気持ちでシチューを小分けした、もうどうにもならない煮詰まった気持ちをリアルに思い出してしまうからだ。つまり、シチューを作ることで、彼女は自分自身を試したかったのだろう。さて出来栄えは――。

「なにこれ、おいしいじゃん！　って。作るときも何もかも忘れてめっちゃ集中できて楽しかった。それですごく楽になれました。私、考えすぎだったんだなあって。思い出にまつわるものを作ったら苦しくなるものと思い込んでいただけ。ああ、私は作るのが好きなんだ、

台所仕事そのものが好きで、身に沁《し》みついた切り離せない習慣のようなものだったのだとあらためて気づきました」

次は、飲み屋で食べておいしかったメニューを再現した。さつまいものオレンジジュース煮だ。これもすこぶるおいしくできたらしい。

「そうやって一個一個、地道に日々のことをちゃんとやっていくことが、自分を取り戻すプロセスだったんですね。頭で考えるほど大変なことじゃない。毎日のことをちゃんとやっていけば私は元気になれる。私って意外に強いかもしれないって思えました」

ささやかな日々の暮らしをきちんとする。米を炊き、だしをとり、味噌汁を作る。病院に行って特別な治療を受けたり、お金をかけて心を解放しに旅に出たり、難しい本を読まなくても、人は自分の力で自分を、心を取り戻すことができる。台所に立ちながら、彼女は初めて自分と向き合い、失った時間と対峙した。そして過ぎ去った日よりこれから生きる時間を大事にするべきだと気づいた。

台所は彼女にとって、傷ついた心を癒やす治療室でもあったようだ。

## 小さくて、すべてが足りる部屋

「猫を見に来ない?」

転職した仕事場で、いつもおいしそうな弁当を持ってくる同僚女子が声をかけてきた。猫好きの彼女は「行く行くー」と即答した。

訪ねると、ロフト付きの小さなコーポだった。コンロはＩＨがひとつ。この小さなコンロで、毎日あんなおいしそうな弁当を作っているのかと驚いた。パンを焼いて同僚に配ることもあった。

部屋は狭いながらもこざっぱりとし、趣味のよいアジア系雑貨でインテリアがまとめられていて、居心地がいい。

ワインとさっと作ったつまみでもてなされた。マリネ、野菜のあえもの、焼きチーズ。

「少ない道具、シンプルな住まいでこんなにていねいに暮らせるのかと目からうろこでした。広くなくてもちゃんと料理は作れるんだなあと。同時に、意地になって広いところに住んでいる自分がなんだかばからしくなっちゃいました……」

同僚の影響で弁当を持参するようになり、台所に立つことが生活のリズムに自然にくみこまれていった。この訪問は、彼女が心を取り戻す第三段階になった。

マンションの更新時期が来た。彼女は迷わず転居を選んだ。残すものと捨てるものとに区別し、荷物を減らした。越した先は台所に部屋ひとつの古いマンションの１Ｋ。だが、角部屋で窓が二面あり明るい。冷蔵庫だけは大きなものをそのまま持ってきたが、本棚やキッチ

ンカウンター、コーヒーテーブルなどほとんどの家具は思い切って処分した。

台所は狭いが、シンクとコンロがL字形に配置された独立空間で使いやすい。もちろん、弁当作りも料理も日課になっている。

ところで、料理とは何か。彼女はそれを「立ち位置確認」という簡潔な言葉で表現した。

「もう一回ひとり暮らしに戻って、地に足を着けて現実を生きていく。今後どんなことがあっても生活の最低限のところはしっかりしたい。元気にやれているかどうか。その立ち位置確認が私にとって料理です」

暮らしの根っこを支える料理が、自分が自分らしく健やかに生きることを確認するすべでもある。

料理は極論すれば、命を育む行為だ。彼女は同時に心も育んでいる。なくした自分は台所にあった。

外でおいしいものに出会うとレシピを家で試す。タイとベトナム料理をマスターしたいので、その手の新レシピの探求にはとくに余念がない。料理番組もメモをしながら見て、すぐにトライする。

「もう一回いいことがあったら、料理は役に立ちますしネ」

最後に少女のような笑顔で肩をすくめた。こういう聡明な人にはきっといいことがもう一回あると、私はこっそり信じている。

# ていねいになんて暮らせない

フリーライター（女性）・46歳
豊島区・分譲マンション・２LDK
夫（52歳・生花販売業）、長男（16歳）、次男（13歳）との４人暮らし

二〇〇〇年、出産を機に、アシスタントをしていたライターのもとから独立。フリーライターになった。同時に、男性誌から、もともとやりたいと望んでいた女性誌に軸足を替えた。その四ヶ月後、2LDK、六〇平米のマンションを購入。

「独立、出産、マンション購入が全部同時期。家族の生活がどういうものかわからないまま家を持ってしまったので、なんというか、無我夢中でここまで来てしまいました」

と、彼女は振り返る。年齢より少し若く見えるが、けっしてバリバリのキャリアウーマン風ではない。地に足の着いた実直なお母さん。パソコンも似合うがエプロンも似合いそうだ。高校生と中学生の母として、落ち着いた貫禄さえ感じられるが、次男が生まれたときはそれこそ〝じっちゃかめっちゃか〟だったと言う。

## できない自分を責める

次男はアレルギーを持っていて、乳製品除去のための料理に手を取られた。同業なのでよくわかるが、ライターの仕事に定時はない。締め切りが迫れば朝も夜もなくなり、部屋は資料だらけになり、自分の食事さえおろそかになる。そのうえ、子どもは待ったなし。私も、子どもが幼い頃、一日が三〇時間あったらと何度思ったことか。あるいは困ったらすぐに飛んできてくれるスーパーマンみたいなベビーシッターがいたらどんなにいいだろうかと。

彼女が猫の手も借りたかった頃に買ったものがある。圧力鍋と食洗機だ。どちらも時短になる道具である。乳製品抜きのパンを作る、ホームベーカリーも必需品だった。

それでも彼女は圧倒的に時間が足りなかった。

「朝型生活がブームになって真似しようと思ったけれど、早起きが辛く、自分には無理だな、と。作り置きをしておくと楽だよと聞いても、作っておくその時間もないし、もともと家事が苦手なので、作り置いたとしても、その素材をいろんな料理に展開できないんです。疲れたときに、今日はどこかで買って帰ろうと考える自分が嫌でした」

今、一〇代〜二〇歳前後の子を持つ女性たちが歩んできた時代に、〝暮らし〟ブームがあった。ていねいに暮らそう、旬の恵みを食卓に取り入れよう、安全に配慮した体にいいものを食べようと各誌がいっせいに唱えた。たとえば器は大量のプロダクト製品より作家ものを。その作り手のスローなライフスタイル自体も注目された。料理家、クラフト作家、建築家……etc.　ものをつくる生業《なりわい》の人々の、地に足の着いた暮らしぶりが見直されたのは、バブル崩壊後の世の流れとしてしごく自然なことだ。そういう価値観が広まることは歓迎すべきことでもある。

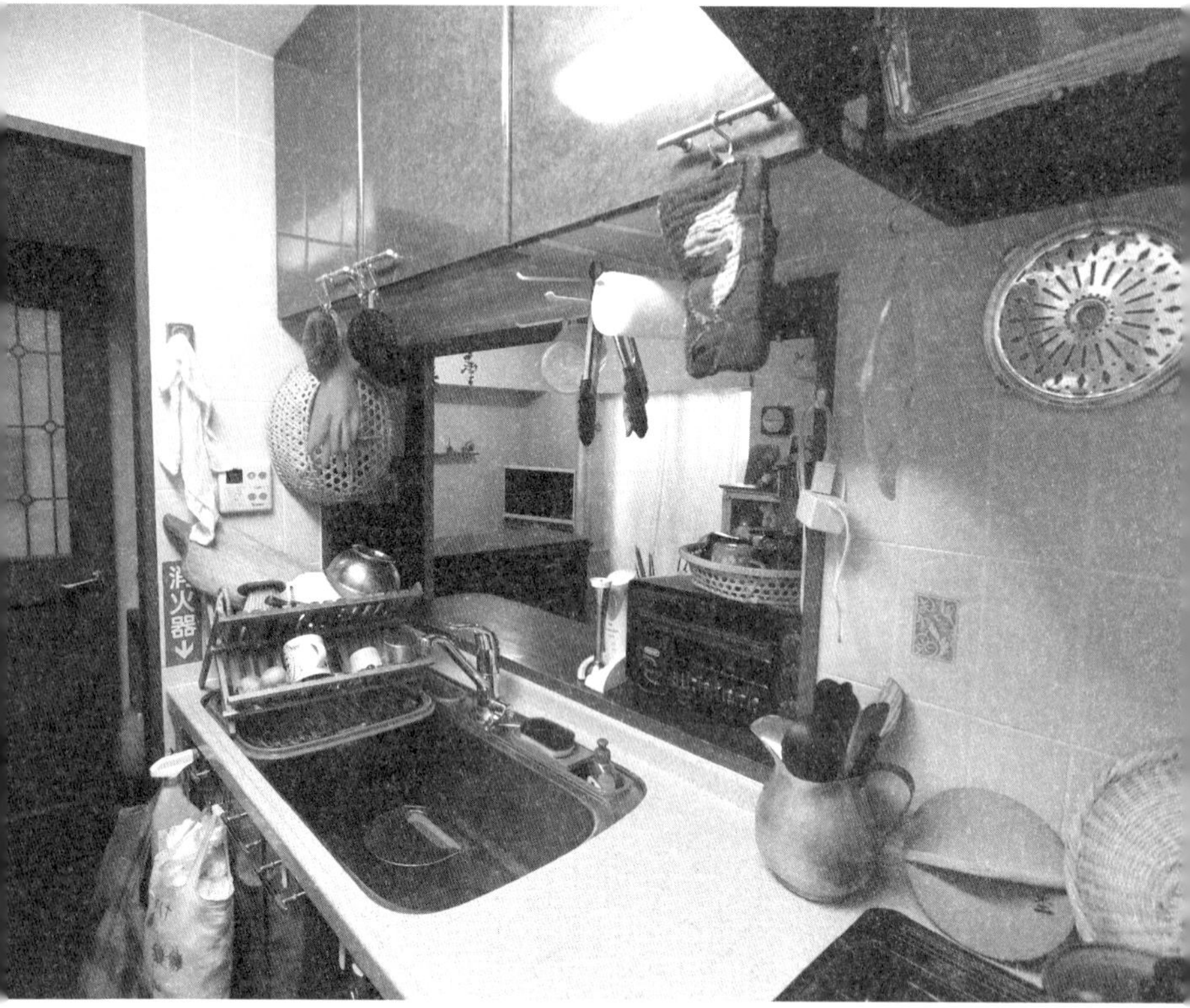
火器

だが、いつの時代もお母さんは忙しい。二四時間待ったなしの、理屈を理解できない乳幼児を抱えながらフルタイムの仕事を続けるのに、この国はまだまだ優しくない。

ていねいにできない自分。家を快適に保てない自分。手早く速やかに日常を切り盛りできない自分を責めずにはいられない母親は、きっと彼女だけではない。私もまたそのひとりだ。

「小さな頃からルーティンが苦手でした。料理も、人が来るおもてなしみたいなイベントなら頑張れるし、味噌作りやパン作りなどの特別なことは楽しめるのだけれど、日常のこととなると気が進まないのです。母になり、毎日同じことを自分が繰り返さないと、家庭がまわっていかないという現実に直面してとまどい、本当についこの間まで、試行錯誤の連続でした」

自分は気が散りやすいので、と彼女は言うがそうだろうか。だから日々のことを〝きちんと〟できないのだろうか。

いや違う。

みんなそれぞれに、そうしたいと願いながらできない自分をときに責めたり、落ち込んだり、はいあがったり、なんとか自分流の方法をひねり出したりしながら、綱渡りのように母業を乗り切っている。私にはそう思えてならない。

## 夫のご飯が教えてくれたこと

子どもが自分に似て落ち着きがない。心配になってスクールカウンセラーに相談したり、発達や脳科学に関する本を読んだりするうちに気づいた。

「人にはそれぞれ持って生まれた性質があり、何かができないからといって、頑張ってないわけではないという言葉に、はっとしました。ああ、自分もそうだ、気が散るのは性質だとしたらしかたないのだと。子どもの性質も同じです。できないことを無理にできるようにするのではなく、自分をわかったうえで、性質に合った方法で世の中を渡ればいいのだと思ったら、とても気持ちが楽になれました」

料理本の仕事も多く、読むのも好きだし、手の込んだ料理にも憧れる。だが、家庭で作るのはもっと普通のものでいいと気づいた。

「本を見て新しい料理を作るより、じゃっと肉を炒めるだけのようなおかずを家族は喜ぶんです。いつか朝型生活に、の〝いつか〟なんて来ないと受け入れれば、固執しなくなります。できない自分を責めるのではなく、向き不向きがあるのは当たり前だと、受けとめたらいいんですよね」

さらに夫からも学んだ。アレルギーのこともあり、彼女は食材や調味料のほとんどを、生協や自然食品店で調達していた。ところが忙しいときに夫が朝ご飯を担当すると、瓶詰めの鮭フレークと、レトルトのミートボールと、瓶詰めの佃煮の「ごはんですよ！」の三点セットを順番にだす。「野菜は？　って聞いても、夫は気にしないんです。それよりご飯が進むことのほうが大事って考えているんですね」

とりわけ瓶詰めの保存料や添加物が気になる。ところが――。

「子どもたちが大好きなんですよね。夫がおむすびを作るとやたらに大きくて、そこにも『ごはんですよ！』が具に入っているのですが、子どもたちの大好物で。それを見たら、家庭のご飯ってこういうもんだよなあと。楽しくたくさん食べられたらいいし、具が何であれ、お父さんの作った大きなおむすびを食べたという思い出が残るほうが大事。次第にそう思えるようになってきました」

生花販売を営む彼は、結婚当初から家庭のことに協力的だった。掃除、洗濯、朝全員を起こす役、さらには天気予報をチェックして子どもたちに傘を持たせたり、「今日は半袖じゃ寒いぞ」と指南したり。しかし料理だけは最初は違ったらしい。長男が生まれたとき、こう宣言された。

「食事だけはお前が作ったほうがいい」

結婚直前に料理上手な母を亡くした彼は、ことあるごとに、母の料理の思い出を話していた。子どもにとって母の手料理の記憶はいつまでも消えず、心に残るものだと信じていることを、彼女は知っている。だから何も言わず、素直に受け入れた。

「本当は料理をする男性に憧れていましたが、あのとき夫が私に任せてくれてよかったと思っています。そうじゃなかったら、腹をくれなかったというか、毎日料理をする覚悟がつかなかったというか……」

結局、仕事に追われる妻を見かねて、最近は彼も台所に立っている。三点セットの朝ご飯を作ったり、夕食にサッポロ一番の塩ラーメンをアレンジしたり。栄養価を気にするより、たまに食べるお父さんの料理が、楽しい記憶として永遠に刻まれたらそれでいい。彼女も腹をくくっている。


スーパーに行く。今は子どもはだれもついてこない。高校生と中学生の男の子なのだから当たり前だ。だが、それが寂しいと彼女は言う。

「小さな頃は、次男をベビーカーで押しながら、長男の片手をつないでいると、次男はぐずるし、長男は売り場の物に手を出そうとするしで、買い物ひとつも大変だったのに、今は私ひとり。一個楽になるというのは、一個巣立つということ。そう思うと、大変だったことも幸せだったんだなあって愛おしく感じられます」

しんどかった思い出は泡のように消える。つないだ小さな手のあたたかさだけが、ゆらゆらはかなく、けれども消えそうで消えない炎のように、いつまでも心に灯っている。

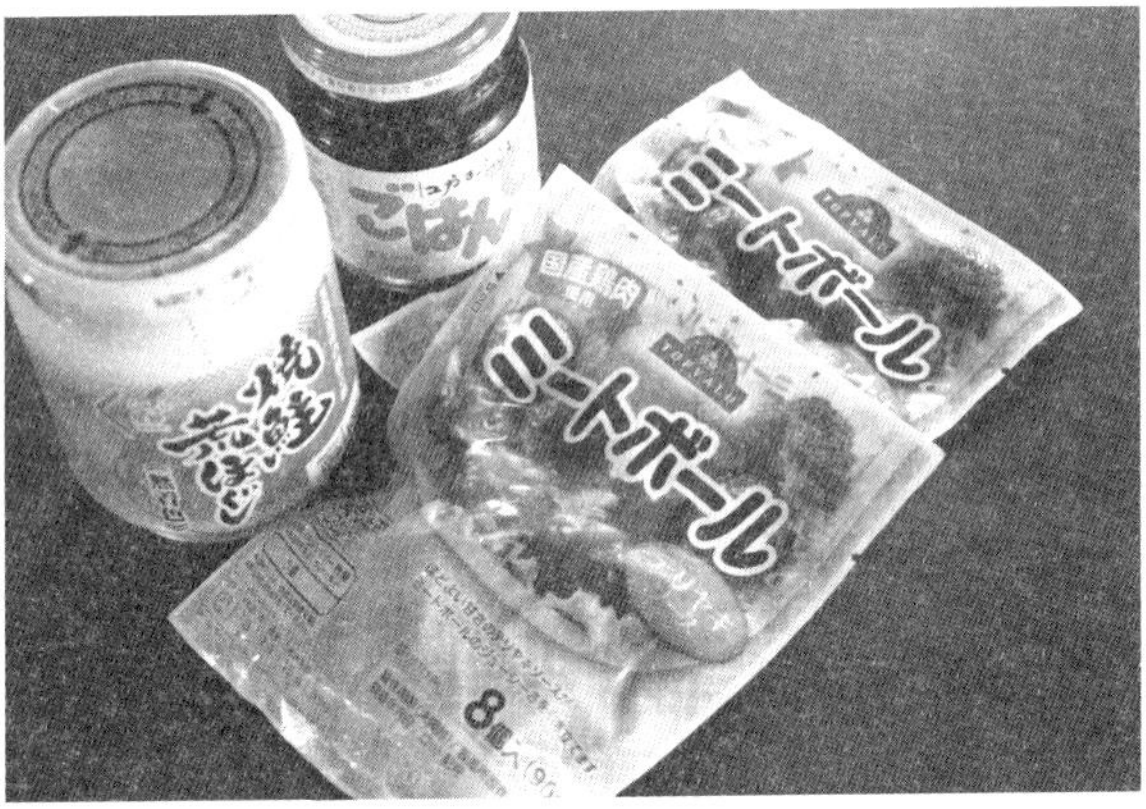
ミートボール
ミートボール

女はあちこち頭をぶつけ、ころんだり、起き上がったり、歩いたり、戻ったりしながらだんだんお母さんになり、ようやくコツを掴み、一人前の母になれたと思った頃には子どもが巣立っている。

いよいよ手狭になったので、じつは来月引っ越しをする。震災を機に、物を持ちすぎたくない、電気を使う道具を減らしたいと考えるようになり処分したのは圧力鍋、食洗機、そしてホームベーカリーである。次男のアレルギーも治ったので、ホームベーカリーは人に譲った。子育ても一段落つき、それらに頼らなければいけない季節は過ぎたのだ。

「こうしてみると、道具も人生の通過点だったのかもしれませんね」

今までリビングの片隅を棚で仕切り、仕事コーナーにしていたが、次の家では小さいながらも初めて自室ができるんですと目を輝かせる。

彼女の人生の、次のステージが始まる。

# 四〇代。家庭内クライシスの先に見つけたもの

主婦（女性）・44歳
杉並区・賃貸マンション・3LDK
夫（自営業・45歳）、長女（14歳）、長男（10歳）、次女（7歳）との5人暮らし

さまざまな人の台所を撮り歩いて綴る『東京の台所』を朝日新聞デジタルの「&ｗ」というウェブサイトに連載している。

ある日、熊本県に住む女性読者から、直接私のホームページ宛にメールが届いた。

〈福島の原発事故をきっかけに、東京から熊本に移住しました。ここには、古民家を改装して素敵に暮らしている人、田畑を耕しながら保存食を作り、自給自足に近い生活をしている人などたくさんいます。ぜひ取材にいらっしゃいませんか〉

こういったメールは時折届くことがある。残念ながら取材は都内限定である旨を返信して終わった。

それから三年が過ぎた頃。

〈以前、熊本からメールをした者です。今は東京に戻りました。このたび、熊本の地震で市場がしまっているため、知り合いの農家が収穫したアスパラを出荷できず困っています。とてもおいしいのに毎日廃棄せねばならないそうです。支援のため買っていただけませんか〉

ぜひ、と返事をした。受け渡しで初めて会った彼女は、にこにこと人懐っこい笑顔で立っていた。

こんなふうに、読者と直接会うことはあまりないのだが、どうしてもライターとして彼女には聞かなくてはいけないことがある気がしていた。たとえば震災避難という決断の背景。熊本の暮らし。そしてなぜ東京に戻ってきたのか、を。

## 阿蘇の生活とグレーのしこり

その後、カメラを担いで自宅を訪ねた。ワンフロアに各一戸、四階建てのこぶりな賃貸マンションの最上階。四方に窓があり、五月の心地よい風がカーテンを小さく揺らしていた。オープンキッチンの台所からも空が見えた。五人家族とは思えないほど荷物や家具が少なく、すっきりしている。

「熊本から戻るとき、食器から洋服、本、いろんな荷物を断捨離《だんしゃり》したんです。すっごく気持ちがよかった。身軽になりました」

なぜ熊本へ？　お子さんたちは幼稚園や学校のお友だちと離れるのを嫌がりませんでしたか？

彼女はゆっくり語り始めた。その時のやりとりを記した連載の一部を引用する。

「子どもたちを連れて、東京から離れてくれないか」
福島の原発事故の直後、夫はあらたまって切り出した。
彼が放射能のことやチェルノブイリについて知識が深いのは知っていたが、すぐに引っ越すよう説得されるとは思ってもいなかった。

「子どもの健康のために」という夫の真剣なまなざし。家族を愛しているからこその決意であると、言葉にしなくてもわかった。だが、おいそれと首を縦には振れない。

子どもは二歳、五歳、九歳。仕事のある夫は東京と地方を行き来するという。

「やっといちばん下の子が来年幼稚園に入るのに、なぜ生活の基盤を変えなくちゃいけないの？　と。全く知らない土地で、三人の子どもたちを抱えて暮らすというのが想像できませんでした。うちは自営だからこそ迷うこともできます。でも、サラリーマンのご家庭はそう簡単にできることではないでしょうから、ママ友にも安易に相談できませんでした」

その年の八月、家族で二週間九州を旅行した。夫にとっては下調べだったが、子どもたちはたんなる楽しい家族旅行だと思っている。レンタカーで博多から南阿蘇村に入ったとき、彼女は視界いっぱいに広がる緑の大地とその向こうの山々に目を奪われた。

「なんて山が美しいんだろうと。川も水もきれいで、子どもたちは川遊びに興じました。どう、こんなところに住んだら素敵だと思う？　と聞くと〝住みたい！〟と。私は自然の美しさに圧倒されてしまって。東京を出るなら、こういうところで東京と真逆の生活をしたいと本能的に思いました」

移住した先は南阿蘇村。梅雨はバケツをひっくり返したように雨が降り、夏はヒグラシの鳴き声で目が覚める。冬の阿蘇山は一面雪景色。厳しい寒さのなか、薪ストーブの炎を見て過ごす。

「四季ってこんなに移り変わりが派手だったかなって。蟬にも鳴く順番があるのを初めて知りました。蛍や月明かりの美しさも。毎日の風景がそれはそれはきれいでした。四季の思い出とともに子どもがいて、あれほど母子で密着した日々はありませんでしたね。全部、住まなければわからなかったことばかりです」

意外なことだが、料理に時間をかけなくなった。

「素材がおいしいから、あまり凝ったことをしたくなくなるんです。旬のものはゆでるだけでもおいしいですから。デコポンもいちごも、安くて新鮮。食生活も本当にぜいたくでしたね」

自分の米は自分で作りたいという人や、木工、陶芸などものの作りに携わる人。移住してきた人も多く、東京にいた頃とはまた異なる種類の友だちがたくさんできた。

（朝日新聞デジタル「＆ｗ」『東京の台所』〈１１９〉「熊本へ移住。三年を経て再びの東京暮らしに」より）

これが前半だ。後半の記事は、阿蘇の台所やゆたかな食生活を、今東京で振りかえって懐かしんでいるというところで結んだ。

このときの取材では、東京と熊本を往復する夫と、次第に心がすれ違っていったこと、今もそのわだかまりが消えていないことが、言葉の片鱗から垣間見えたが、その部分は明らかに語りたくなさそうだった。たった一度の取材では、懐にズカズカと入り込むことはできない。その夫婦の葛藤は、連載の主題からも外れるので、踏み込むことをやめた。だが、私の心の中にグレーのしみのようなしこりが残った。震災で移住したり、戻ったりするのは特異な例だろうが、彼女が抱えているらしい夫婦の問題は、多くの四〇～五〇代の夫婦が抱えるそれと類似性があるのではないか。長年寄り添った夫との、知っているようで知らなかった価値観のずれ。仕事の多忙にまかせて減っていく会話の時間。結婚二二年の我が家とて同様である。彼女の葛藤はそのまま私のそれだ。グレーのしみは、だれにもある普遍的なテーマに関係していると直感的に思った。

二ヶ月後の七月。本書の執筆が始まったとき、まっさきに彼女のことが思い浮かんだ。今こそあのグレーのもやもやの正体を突き止めたい。

電話で夫婦の話を聞かせてほしいと依頼すると、今度ははっきりこう言われた。

「じつは、私たち夫婦は空中分解しかけていて、私自身もこの先どうなるかわからないのです。だから取材の受けようがありません」

では、取材の体裁はやめましょう。ノートもとりません。今どんな状況か、なぜ熊本から東京へ戻られたのか、聞かせていただけませんか、と食い下がった。あなたの夫婦の問題の本質は、同世代の多くが抱えているものと共通している気がします。時が経ち、もし書いてもいいというタイミングが来たら書かせてください、それまでは書きません、とも。

「わかりました。お話しすることで心の整理になるし、私自身がこの問題から逃げずに向き合い考えるきっかけになるかもしれません。取材でないのなら、どうぞおいでください」

## 〝夫のいない時間〟に慣れていく孤独

「熊本の三年間のうち、夫は半分もいませんでした」

淡々と彼女は語りだした。フリーランスで美術関係の仕事をしている夫は、東京に事務所がある。休みを作って熊本に通う生活で、夫だけ軸足が東京だった。庭付きの6DKの借家は母ひとり子ども三人でも広すぎる。子育てで相談したいとき、傍らに夫がいないのは想像以上にこたえたらしい。

「下の子ふたりは、よもぎだ、蛍だと自然の中でのびのび育っていましたが、思春期にさしかかろうとしている長女は、もともとマンガや音楽やアートが好きなインドア派。環境との相性にも、合う合わないがあります。さらにクラスがひとつで、保育園時代から顔ぶれが変わらない地域での友だち作りは、大人が想像する以上に気を遣うもの。でもお父さんたちが決めたことだからと、彼女は長い間だれにも言わず我慢していたんですね。しばらくしてそのことに気づいたときは、胸が締めつけられました。子どもに気を遣わせていたなんて、なんて愚かな親だったろうと。すぐに夫に東京に帰りたいと相談しました。彼はそれは早い、せめて三年頑張ってほしいと譲りません。何度話しても平行線。その頃からですね、私と彼はひとつ屋根の下で暮らしてきたけれど、見ているものは違っていたんだなと思い始めたのは」

子どもの健康を第一に考え、移住を決意した夫が、子どもの心には関心がないことが理解できない。彼女は次第に、彼をわかろうとすることをやめたくなった。

その何ヶ月か前、シネコンで古いイギリス映画をふたりで観た。彼は、ひどい映画だった、観なきゃよかったと言い、感動していた彼女は感想を言える空気ではなく、押し黙ってしまった。こんなに感性が違うのなら、もう二度と一緒に映画を観るのはやめようと決めた。

ふたりは一〇代の終わりにニューヨークで知り合った。彼女は留学生、彼はバイトをしながら絵を描いていた。二〇歳と二一歳で一緒に住み始め、彼女が二五歳で結婚。

「昔は見るもの聴くもの、なんでも趣味が合ったのに、映画ひとつでもいつのまにかこんなに感じ方が変わっていた……。彼は創造する仕事なので、ものづくりに対して見る目が厳しいんですね。そこは彼の積み上げてきた時間の成果ですし、だからこそ一線で仕事を続けてこれた。仕事人としてとても尊敬しているし、私なんかが映画作品をどうこう言えるものでもありません。ただ互いの感性が変わったということをはっきりと自覚した。そういう意味で忘れがたい出来事でした」

長女が小学校五年から中学一年までの三年を熊本で過ごし、一家は東京に戻った。女の子にとって一三歳は繊細な季節だ。すでにでき上がっている集団の中に入っていくのは容易ではない。

思春期の子を持つ親なら多かれ少なかれだれもがぶつかる壁に彼女もぶつかった。やはり、相談したいとき夫は傍らにいなかった。四五歳の働き盛り。社会の評価も気になる。厳しいクリエイティブの世界で仕事に没頭し、くたくたになって帰宅する夫に家や子どものことを相談しても生返事しか返ってこない。

「熊本で、夫がいない時間に慣れていくのが寂しかったんです。子どもの体を私ひとりで守っているような感覚が。移住でうまくいっている家庭はみんなご主人も一緒に住んでいました。東京に帰ったら寂しくなくなるかなと思ったら、全然そうじゃなくて。そばにいるのに、心だけがとても孤独でした」

私は返す言葉を見つけられずにいた。きっと彼なりにご家族のことを考えていますよなどという気休めは通用しないことはわかっている。人はひとつ屋根の下にいても、どうしようもなくひとりぼっちを感じるときがある。心が寄り添ってないと、一緒にいても孤独なのだ。

この話は書けないと判断し、私は引き下がった。

彼女の苦悩の横顔。「離婚も考えましたが、父としての彼は優しく、彼なりに子どもたちのことを真剣に考えている。それを引き離す勇気もなくて」という言葉の先に、どんなゴールがあるというのか。それは当人どうしにしかわからない。私は、ますます悶々《もんもん》としたまま彼女の物語をリリースした、つもりだった。九月に一本のメールが届くまでは。

## 弱さを認め合う

〈夫と大喧嘩をして、状況が変わりました。今ならお話ができますが、いかがでしょう〉

夏の終わり、突然彼女からメールが届いた。短い文面だが、行間が弾んで見えるのは気のせいか。

〈書いていいんでしょうか？〉

〈もちろん！〉

なんだか逆転ホームランの気配だ。足取り軽く、会いに行った。その日の彼女は本当に明るく、安らいだ表情で、とても雄弁だった。吹っ切れたというのは、ああいう表情を言うんだろう。開口一番、彼女は言った。

「娘の学校説明会があるので下の子を見ていてという日に彼が仕事を入れていて、大喧嘩になっちゃったんです。あなたは子どものことなんてなんとも思ってないじゃない！　って、ナイフみたいな言葉をぶつけてしまって」

いつも夫婦喧嘩は夜。彼女がビールやワインを飲み、酒の力を借りて夫に文句や愚痴を言い、彼を責め立てるパターンになる。その晩もそうだった。白ワインを飲みながら、彼への文句がエスカレートしていった。すると黙り込むのが彼のつねだが、その日は違ったらしい。

「夫婦喧嘩って、自分が言われたら傷つく言葉を平気で言ってしまうんですよね。本当はもうやめようってどこかで言ってほしかったんです。でも止まらなくて。そしたら彼が、〝家も大変だと思うけど自分も仕事がいっぱいいっぱいで大変だった〟と初めて話し出したのです。それは、売り言葉に買い言葉で互いにどれだけ大変か訴え合うというのではなくて、心の奥にあるものを少しずつ取り出して説明する。そんな感じでした」

熊本―東京と離れて暮らし、家族のためにももっと稼がなくてはと大きな仕事を増やしたこと、仕事場では自分はつねに新しいことを求められる挑戦者であり続けねばならず息を抜けないこと、くたくたになって帰宅すると、子どものことでパンクしそうな妻がいてどうしていいかわからなくなっていたこと。

そのとき、結婚以来、初めて彼の口からこんな言葉が漏れた。

「いろんなことを話したいと思っていたけれど、タイミングを見つけられなかった。自分の感情を言葉で表すのが苦手だということをわかってほしい……」

商業美術の世界で才能を発揮し、つねに自信に満ち溢れた誇り高い人。それが夫のイメージだった。家では、話し合おうとすると無言になってしまう、私の心に無関心な人。私の気持ちなど知ろうともしない、閉じた人。そう思っていた彼が、初めて目の前で自分の不得手をさらけ出した。彼女には大きな衝撃だった。

「あ、この人も弱いんだって気づきました。ひとりでも大丈夫な強い人と思い込んでいたけれど、そうじゃない。彼もまた弱いひとりの人間。夫婦って長く一緒にいるほど、この人はこうとわかった気になって決めつけてしまう。〝自分の中の彼〟が完成しちゃうんですね。でも本当にそうだろうかと考える必要がある。私は弱さを知って、自分のなかの優しい気持ちを少しずつ思い出していきました」

これまで、つねに文句を言ったり攻撃をすることしか考えていなかった。敵意と怒りしかなかったからだ。それから彼はこう言った。

「お前はもっと長女から子離れするべきだ」

ハッとした。子どもと一緒に気持ちが上下する自分をもてあましていた。親密になりすぎているとうっすら感じてもいた。「もう、そういう時期だと思うよ」と彼は続ける。ほろほろと涙が溢れた。見ていないようで彼はしっかり見ていたんだ。

「ほかにも気になることがあったら言って」

荒げた声が徐々に鎮まっていく。ぽつりぽつりと彼はつぶやく。

男言葉が嫌だった。もっと部屋を片付けて。取り込んだ洗濯物を投げないで。自分への尊敬がないと辛い。それが自分の何よりの原動力になる。仕事も頑張れるから。いろんなことを話したいと思っていたけれどタイミングを見つけられなかった。気持ちを言葉で伝えるのが苦手なんだ……。

「お恥ずかしい話ですが、無意識で私、取り込んだ洗濯物をぽんとソファに投げていたんです。私など気にも留めない、そんな些細なことがストレスだったとわかった。それから、彼は言葉が持つ強さを知っている。だから軽々しく言葉にできないのだとわかった。彼と暮らすということは、気持ちを言葉にするのが苦手という彼を受け入れるということ。なんでも言葉で伝え合う夫婦もいますが、うちは違う。違っていいし、それが結婚ってことなんじゃないかなって」

気にも留めていなかった洗濯物のように、夫婦といえどもそもそも、快・不快も異なるし、感性も価値観も違う。違う生物だと認識したうえで、どこが違うかを知っておいたらいい。

私はおそるおそる、熊本に移住したことを彼は娘さんに詫びたのかと尋ねた。

「いいえ。ごめんねなんて言ったら彼の中の大事な何かが変わってしまうでしょう。移住は家族を思って決断したことに変わりはないですから、彼の中で後悔はない。今はそれでいいし、違う考え方でいいと思っています。家庭って、父親がいなくてもなんとなく回っていいってしまうでしょう？　私は助けてほしい、ひとりにしないでと思いながら、閉じている人にどうせわかってもらえるはずがないと決めつけていた。本当は夫と私がタッグを組むべきなのに、娘に夫の愚痴を言いながら娘とタッグを組んでしまっていました。そうやって彼をどこかで疎外していた。つまり閉じていたのは私のほうだったんです」

## 互いの違いを受け入れるという愛

話し合いは深夜まで続いた。彼女の怒号で始まった最初の段階で、長女が幼い弟と妹を「大丈夫だよ」と自分の部屋に連れてきて一緒に寝たと、あとで知った。いつもと違う母の剣幕に、きょうだいはなかなか寝つけなかったらしい。

「かわいそうなことをしました。でもあのとき向き合わず、この問題から逃げ続けていたら、私は結婚生活を投げていたかもしれません。逃げたらきっと後悔以外、何も生まれない。今、私はもうちょっと向き合うことに挑戦したいと思っています」

深夜、ふたりでぬるくなった白ワインをもう一度飲み直した。

「最初、ワインの味なんて感じる余裕がありませんでしたが、最後に飲んだときはまろやかだったかな」

ところで、夫婦がギクシャクしている頃から、どんなに遅くなっても彼は家で夕ご飯を食べていたという。

「顔も見たくない頃は、どこかで済ませてきてほしいなって思うのに。最悪の空気の頃は、そんなお願いのメールをしたこともあります。なのに必ず帰ってくる。家でご飯を食べるのが好きなのはずっと変わらないんですね」

きんぴらごぼう、切り干し大根、ブリ大根、イカ大根、ニラのおひたし。シンプルな野菜料理を好む。それらの味付けはみな、料理上手な義母に憧れて頑張って覚えたものばかりだ。

いきなり夫婦の仕切り直しなど難しいし、会話もそう簡単に増やせるものでもない。彼女は、いつもの手料理を出しながら、「今日、仕事どうだった？」と聞くようになった。「彼もそれがいちばんスムーズに話しやすいでしょうから」。そこからぼちぼち会話が始まる。

そこで何を話すかではなく、あなたのことを受け入れているという言葉にならない気持ちを伝え合い、確認する。

受け入れることの大切さを、彼女はゲームにたとえる。

「子どもって、ゲームはだめだよってわざわざ言わなくても、お母さんが僕のゲームをよく思ってないって、なんとなくわかるものでしょう？　夫婦も同じだと思うんです。拒否という感情は、言わなくても伝わっちゃう。そんな相手に弱音や本音を話す気にならないですものね」

どんなにギクシャクしようとも、家でご飯を食べるという夫の話を聞いてふと思った。食卓は、もともと違う人間同士がそれでもわかり合おうとする気持ちを、交換する場なのかもしれない。わかりたくない相手に、好きな料理など出さない。若い頃から義母を真似て彼の好きな和食の惣菜を作る妻がいるから、彼はここに戻る、なんてこじつけ過ぎだろうか。

そうだといいのですが、と彼女は笑う。私が夫の好物を作ったのはいつだったろうかと考えながら帰路についた。子どものそれならすぐ思い出せるのにな。

# 彼女と彼女の食卓

会社員(女性)・28歳
日野市・賃貸マンション・2LDK
パートナー（34歳・公務員・女性)とのふたり暮らし

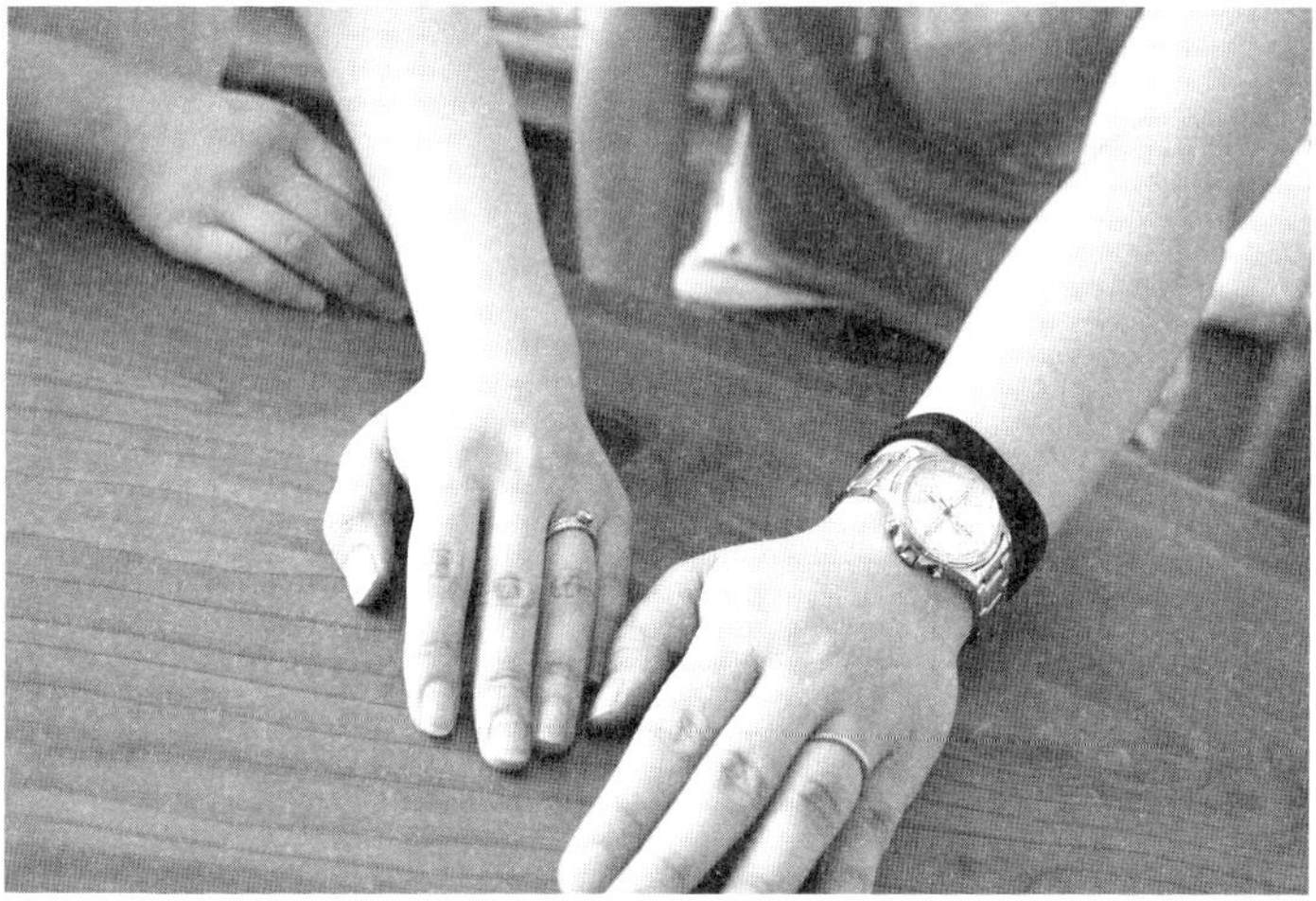

少々身構えて行ったら、長年連れ添った夫婦のように自然体で、こちらが拍子抜けした。

「この人、付き合いたての頃は、まだ元カノと同居してたんですよ。ひどいでしょう？」

「住みたいって言うから、ちょっと住んだだけ。しょうがないじゃん」

どこにでもあるカップルの会話。女性同士ということのほかに、何ひとつ変わったことはない。

ふたりは同性婚が認められているニューヨーク州で、二年前に結婚式を挙げた。半年後、今度は親や友だちを呼んで、Kさんの母校の女子大のチャペルで。ウエディングドレス姿のふたりが並ぶ写真はそれは美しく自然で、私はしばらく見とれた。華やかな女性がふたり並ぶ結婚写真というのもいいものだ。

日本では法律上、ふたりは夫婦になれないが、この屈託のない幸福に満ち溢れた写真を見ていると、とても素朴に、日本の憲法では法の下の平等と、幸福追求権や性別に基づく差別の禁止という理念があるのに、なぜ同性婚は法制化されないのだろうと思ってしまう。

## 所在なげなふたり

ふわふわなマシュマロのような白い肌に長い黒髪、ブラウスにスカート姿のたおやかなKさん。六歳上のTさんは、ショートカットにデニムにTシャツ。Tさんは保育園の頃からかわいい子が好きだったと、さばさばした口調で語る。料理は嫌いで台所は皿洗いが専門。かたやKさんは台所仕事が好きで、お惣菜から漬け物、郷土料理までなんでもこなす。少し聞いただけでも、ふたりのバランスのよさが伝わる。

七年前、新宿二丁目のクラブで出会った。二一歳と二七歳だった。大学三年のKさんは、女子高時代は、女の子が好きな自分をもてあまし、鬱々としていたという。進学した大学の寮にレズビアンやバイセクシュアルの学友がいて、彼女たちと接する中で初めて自分のセクシュアリティを受け入れることができた。

そして勇気を出して行った女性限定のクラブに、ヘッドフォンを首にかけ、壁際にひとり佇んでいるTさんがいた。

「飲むでも踊るでもなく、壁にもたれかかってて変な人だな、と。とても大人に見えました」

いっぽうTさんは、

「クラブは露出の多い格好をした子が来るのに、Kはタートルネックにカーディガンで浮いてた。落ち着いた子がいるなあと印象的でした」

所在なげにしているのはふたりとも一緒。なんとなく会話が始まり、その後もぽつぽつ会うようになった。

Kさんが初めて作った手料理をTさんは鮮明に覚えている。初めて彼女の学生寮の部屋を訪ねたとき、温かくておいしいトマト味のロールキャベツを出された。

「若いのに、こんなおいしいものを作れる人なんだ、私のために準備してくれたんだなあと、とても感激しました」

バレンタインの日、江ノ島のデートでKさんから告白をした。

「好きなので、私のことを恋愛の対象として視野に入れてください」

Tさんが前の恋人と曖昧な関係が続いているのを知った上で、自分の思いをぶつけた。まっすぐな瞳、直球の言葉。Tさんはこのまっすぐさに打たれたのだろう。出会って三ヶ月。交際が始まった。

## 関係性の定期的なメンテナンスを

「私は元来、慎重派。でも、Tさんがいたから思い切ったことができた」と、Kさんは語る。一度就職した会社をやめ、大学院に入ろうかと迷ったときも背中を押したのはTさんだった。

「ずっと行きたいって言ってたじゃん。ただ目的もないまま退職するのは反対だけど、やりたい勉強をもうひとつ上の段階でまとめるのはいいことじゃない？」

ふたりは四年の同棲を経て、ニューヨークで結婚した。旅立つ直前、Tさんは祖母に告白した。

「彼女と結婚登録をすることにしたよ」

複雑な家庭に育った彼女は六歳から一二歳まで祖母宅で育ち、典型的なおばあちゃん子で、唯一心を許せる肉親でもあった。Kさんを連れてよく遊びにも行っていた。

この昭和二年生まれのおばあちゃんがまた、かなりアバンギャルドな人なのである。アメーバブログのアカウントを持ち、ブログを書き、なにかあるとグーグルで検索をする。そんな彼女が孫の告白に返した最初の言葉は。

「私はそんなことじゃ驚かないよ」

そして本当に嬉しそうにはなむけの言葉を贈った。

「いいお嫁さんが来てくれたね。Tちゃんに寄り添ってくれる、きれいで清楚な本当にいいお嫁さんだ」

省庁で働くTさんと、一般企業で働くKさんでは職場へのカミングアウトの状況も異なる。結婚式は、LGBTに理解を示す知人や同僚を呼んだ。ゆくゆくは自然な形でカミングアウトしていきたいというが、Tさんのほうは困難が多そうだなと感じた。

さて、結婚生活である。私は二〇一四年と二〇一六年の二回、彼女たちの台所を訪ねた。

郊外の賃貸マンション。平凡な作りだが、小さいながらもカウンターキッチンのスタイルがお洒落で気に入って入居を決めたと語る。ガス台の上には、よく炊き込みご飯を作るという土鍋があった。カウンター脇にはアメリカで買った包丁セット、冷凍庫には作り置きのチリコンカンが。Kさんは故郷、栃木の郷土料理、かんぴょうの卵焼きを焼き上げていた。ピザのように薄く丸く焼き上げたそれは、甘じょっぱくていくらでも食べられそうな親しみ深い味だった。前回も今回も、最後にていねいにいれた緑茶と心尽くしのお茶菓子が盆で出された。きちんとしたもてなしができる二〇代のKさんのかいがいしさが少しも変わっていなくて安心もした。

しかし、ここのところ、Tさんの仕事が多忙を極め、帰宅が遅いらしい。そのため生活リズムもずれ始めた。

「なんでもふたりで共有しておきたいので、聞いてほしいことは溜め込まないようにしています。でも話す時間があまりない。だから彼女がお風呂に入っているときに、私が脱衣場に椅子を持っていってゆっくり話すんです。話すとすっきりする。生活リズムが違っても、どこかですり合わせる時間が必要で、夫婦って定期的に関係性をメンテナンスしていかないといけないと思うんです」（Kさん）

関係性はつねにメンテナンスしていくべきもの。一緒にいるから言わなくてもわかりあえるわけではなく、言葉にして初めて共有できる。女性どうしであろうと、男女であろうと、

夫婦が日々抱える問題は同じで、また解決法もなんら変わらない。

「今日さ、会社でこんなことあって」「うん、それでどした?」。お湯につかりながら耳を澄ますTさんと、ドアひとつ隔てた向こうで愚痴をこぼすKさん。そうか、この人たちは新婚さんだったと甘酸っぱい感覚を思い出す。

新米お嫁さんのこんな言葉に、はっとさせられもした。

「家族でも、甘えすぎたらいけないと思うんですよね。相手に失礼のないように、生活のこともふたりのこともちゃんとやっていきたいです」

たとえば料理だ。夏の前には梅酒や梅ジュースを作り、秋が来れば栗ご飯を炊く。季節に目を向けながら、旬の食材中心にこしらえる。

「料理をすれば生活のクオリティは上がると、貧乏な学生時代に学んだので。お金がなくても、栄養ゆたかでおいしいものはいくらでも作ることができる。そうすれば心もゆたかになるって」

本質を知るという技量は、どうやら年齢に関係がないらしい。

## 当たり前に生きるという選択

ふたりには次の夢がある。子どもを生み、育てることだ。Kさんは二〇歳のとき、自らのセクシャリティに気づき、ひとつ大きく落胆した。

「私はもう子どもを持てないんだってがっかりしたのです。でも、Tさんと付き合ううちに、セクシャリティのせいでいろんなことをあきらめたくない、普通に生きたい、いろんなことが当たり前になってほしいと考えるようになりました」

調べると、日本人女性同士で、海外で精子提供を受け、出産したカップルがいるとわかった。それはふたりにとって大きな希望の存在である。

世間の目、親権、経済的肉体的負担、生まない側の負担、精子提供者との契約、保育園、世間への説明。法的サポートがないなか、不安なことは挙げたらキリがないが、逃げないと決めた。

「世の中が遅れているために、人生の制約を受けたくない。ひとつひとついろんなことを当たり前にしていきたい。正直に言えば、結婚式を挙げたときも、いろんな目にさらされるということで腰が引けそうになりました。でもTさんが、〝結婚式は自分たちの最初の一歩。そんなことも乗り越えられないでどうする？〟と。あの式をしたときに、家族になるんだと腹が決まりました」

自分たちも悩んで苦労した。だから後に続く女性たちが悩んだり何かをあきらめたりしないよう、彼女らの役に立ちたいという気持ちも強い。好きだからという一言ではくくれない何層もの思いが、次の夢を支えている。

その挑戦はもしかしたら、近い将来、社会制度を変えるきっかけのひとつになりうるかもしれない。

信念がぶれないよう、絆がこれからもさらに強固であり続けますように。注がれたお茶の甘味と苦味をかみしめながら、私は静かに願った。

# 仲睦まじい夫婦は
# 日本酒をよく飲む!?

年齢を問わず、食事時間が長い人には印象的な共通項があった。食事に日本酒を嗜《たしな》むのだ。

都心で暮らす三一歳と二一歳の兄弟がいた。実家の両親は、毎日晩酌をするのが習慣で、日本酒とつまみが延々続き、最後にやっとご飯になるという。子どもも親に合わせて先につまみを食べる。小学生になって友だちの家に行って初めて、ご飯は先に出るものだと知ったらしい。さしつさされつしているので、食事時間はふつうに一〜二時間かかる。その間、家族の語らいは続き、「共働きの忙しい家庭でしたが、うちはみんな本当に仲良しでした」と、てらいなく言う三〇代の男性を清々しく思った。両親の影響で、自分たちも食事を長く楽しむ。テラスで七輪で野菜を焼きながら、兄弟それぞれ恋人も含めた四人で夕焼けから満天の星までゆっくり外ご飯を楽しむこともよくあるそう。三つ子の魂百までである。食事の習慣は良くも悪くも子に引き継がれる。

また、義母ととても仲のよい六七歳の女性がいた。近所に暮らすが、互いに酒好きのため、嫁宅に義母がしょっちゅう食事に立ち寄る。酒を介して夫抜きで意気投合し、ふたりで温泉に行くこともあると言っていた。リビングだけでなく、和室や縁側、桜が咲く頃は庭でも杯を酌み交わす。酒に合う四季折々のつまみを作るのがまた楽しいのですと住人は朗らかに語る。

燗酒《かんざけ》は、ワインやビールのように蓋を開けてすぐ飲むような手軽さはない。

## 台所見てある記①

人肌に温めて、小さな徳利が空になったら次の燗をつける。小さなおちょこでちびちびと。まさに「酌み交わす」という言葉が似合う。一気呑みするような飲み物でもない。つまみも妙に油っぽいものやパンチのある料理は合わないので、そうかんたんに腹も膨れない。あてを食べてはひと口。相手が空になったら酌をして。

つまり、日本酒にはゆったりしたたくさんの間《ま》が介在しているのだ。

雑誌で、糖質について研究する城西大学薬学部の金本郁男先生と対談したことがある。先生は、日本酒の糖質は目の敵《かたき》にされるが、酒自体は血糖値を上げにくくする作用があるとおっしゃっていた。飲み過ぎはよくないが、アルコールを摂取すると、肝臓で糖質を創り出す糖新生《とうしんせい》という作用が抑制されるのだという。さらに同じ料理でも、よく噛んでゆっくり食べたほうが血糖値の上がり方が緩慢になるそうだ。

刺身、酢の物、冷や奴、エイヒレ、塩辛、煮込み。日本酒のあてはヘルシーで家庭的なものばかりだ。おまけに燗してよし冷やしてよし。

日本の気候風土が生んだいいことだらけの日本酒は、会話を広げ、家族の距離を近くする。こんな言葉があるかはしらないが、抜群のコミュニケーションフードではあるまいか。仲よくなりたい恋人や、少々すきま風が吹き始めた中高年の夫婦にジワジワ効いてくれそうだ。

# 古民家の台所で今日も彼は

水タバコ店経営（男性）・38歳
新宿区・賃貸戸建て・4LDK
ひとり暮らし

CANADA DRY
Club Soda

## 海パンで店舗に寝泊まり、五年

慶應義塾大学を卒業後、フリーの編集者をしながら新宿ゴールデン街でバーテンダーをしたり、マンションの一室でバーを経営したりした。飲食業はあくまで副業のつもりだった。

「最初に編集の仕事を教えてもらうとき、〝こいつはバカだから助けてあげよう〟か、〝生意気だけど死ぬほど仕事ができるやつ〟と思われるか、どっちがいいだろうと考えました。僕はかわいいバカになろうって、そのとき決めました」

海パンのようなオレンジのショートパンツに、洗いざらしのコットンのシャツ。長身に、くるくるとパーマのかかった髪。気取らない笑顔の隙間に、ときおり従業員二〇人余りを抱える水タバコ店経営者のシビアで厳しい表情がのぞく。無邪気と野心が同居しているような、ちょっと摑《つか》みどころのない不思議な人だ。愛されるバカになろうとしたのは計算だけではないだろう。その時々を、自分の直感で選択するのがならいになっている。その自信の根拠を探りたくなった。

床の間のある古い木造家屋に住んでいる。八畳はありそうな台所のあちこちから、梅ジュースやらっきょう、生姜漬け、梅干しやぬか漬けが出てくる。すべて自家製だ。

「昔から料理漫画を読むのが好きでした。母も料理好きで、レストランでおいしかった料理を家でアレンジして出すような人。僕は実家を出て一四年ですが、初期の頃からぬか漬けをしていました。店舗に五年住んでいた頃も、漬けてたな。料理は楽しいからやる。とくにみんなでわいわい食べるのが好きですね。この家にも従業員が毎晩のように来て食事していきますよ」

店舗に五年？　二階かどこかが住居だったのかと尋ねると、「いえ、客が帰るとソファや店の床に寝て、開店時刻になるとそのまま仕事。風呂はスポーツジムのシャワー。洗濯はめんどくさいので、洗って脱水したらそのまま着てました。着ながら乾かす。春から秋まではだいたいそれで過ごせます。だから海パンなんです。乾きやすいから。あ、今日は海パンじゃないですよ。今はさすがにそれはしません」

カラカラと笑った。三八歳、独身。ますます興味が募る。

## ナンバーワンになるために

水タバコとは、中近東に古くから親しまれている喫煙の道具で、シーシャというガラス瓶を使ってタバコの葉に染み込ませたフレーバーを楽しむ。タールはゼロ、ニコチンの含有率もきわめて低い。最近、日本でもぼちぼち広まりつつあるが、住人はまだあまり知られていなかった二〇一一年から水タバコ屋を始め、現在五店舗に拡大している。

「何らかの世界のトップに立ちたい」と考えていた彼に先見の明があったというわけだ。

シーシャとの出会いはゴールデン街。バイトで手伝っていたバーに置かれていて、このエキゾチックな嗜好品を知った。当時も昼間は編集の仕事をしていたが、請負仕事のそれにはいつか限界が来ると感じていたという。

「若い頃は体力勝負でガンガンできますが、年を重ねていくと、センスや流行についていけなくなって仕事が減っていき、いつか、あれ？　あいつどうなった？　って言われたら寂しいじゃないっすか。かといってなんの資格や経験があるわけでもない。ものすごい金儲けをしたいわけでもない。そういうのは金持ちの専門家に任せておけばいい。飲食はその道のプロがいくらでもいる。僕はなにかのナンバーワンになりたいと思っていたので、水タバコを見てこれだと思いました」

ノータールで、タバコのような深刻な健康被害もない。欧米では大人の嗜《たしな》みとして浸透しているのに、日本ではまるで危ないドラッグのような誤った見方をしている人もいるほど認知度が低い。これならナンバーワンになれるかもしれないと思った。

「ゆっくり煙を楽しむので、間が持つんです。実際吸ったお客さんには、リラックスできた、居心地がよかったと感謝される。編集の仕事はだれのために頑張っているかわかりづらいですが、水タバコで初めて目の前の人に感謝される経験をして、大きなやりがいを感じました。僕、日本を水タバコ先進国にしたいんです」

まっすぐ夢を語る人に久しぶりに出会った。

自分の店に五年寝泊まりしたのは、夢中で経営に打ち込んでいたからだ。何かのナンバーワンになろうとするとき、ほかの何も見えない、無我夢中のそういう時間はきっと必要だ。そうすることで見えてくる本質が必ずある。

たとえば二軒目を持つとき、こんなことに気づいた。

「僕はこの通りの性格ですし、ドラァグ・クイーン（女装を楽しむパフォーマンス）も好きで、よく参加していました。個性やキャラが濃いほうで、一軒目のときは自分が前面に出て、それなりにお客さんも楽しんでいた。でも、二軒目を開くとき、水タバコのように、こんな個性的でパンチの強い商品があるのだから自分がキャラを出すのはもうやめようと思った。あくまで主役は水タバコだと」

人との接し方も変わってきた。増えていく従業員に対して、言葉遣いやマナーがいちいち気になる時期があったが、最近は「この子たちのおかげで、自分は食べることができるのだと気づきました。それからは自分の角《かど》も、金平糖くらいにはとれてきた」と笑う。

新しい業種ゆえ、ビジネスのノウハウをそのまま真似て独立されることもないわけではない。そんなときはこう思うことにしている。

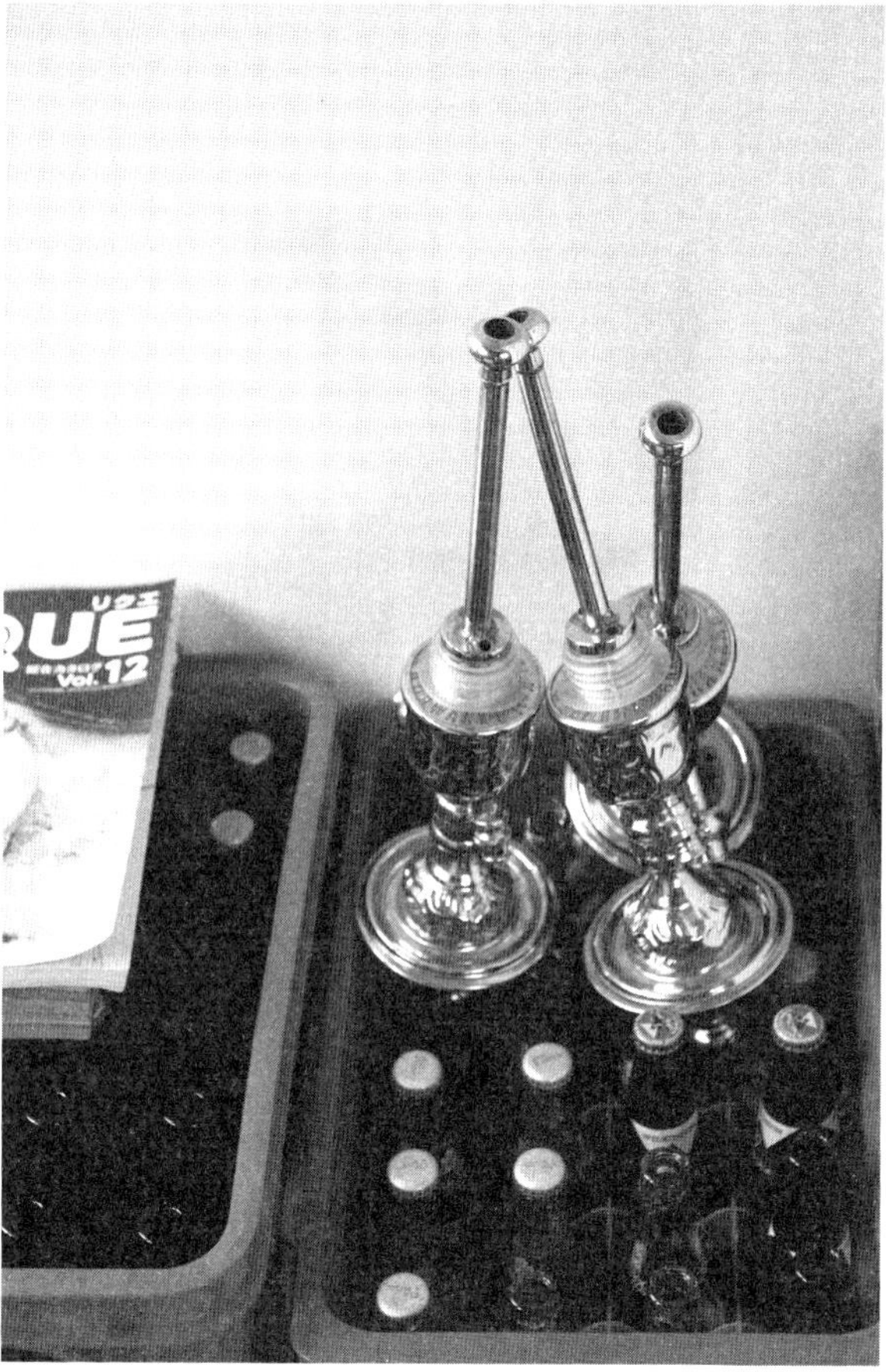
QUE
Vol.12

「自分の人との付き合い方がまずかったかな」

あちこちぶつかって、人に言えないような傷もきっといくつかあったはずだ。そもそも会社勤めが嫌で就職しなかった人である。理想のリーダーや上司を知らない彼が、人をまとめるのに苦労しなかったはずがない。

「そうなんです。会社に所属できなかった人間が会社をやっているんですから。最初は角だらけでしたよ、もう」

ざっくばらんで、飄々《ひょうひょう》としているが、成功の秘訣を語るほどまだ偉くはないと言いたそうな謙虚さが伝わる。だからここからは私の推測だ。彼が金平糖程度に角がとれてきたヒントのひとつにこの家の台所と母の教えがある。

## 負けてもゼロまで

石畳の小道。障子に茶室。台所には作り付けの大きな食器棚があり、勝手口がついている。たひとりで住むには広すぎだが、従業員が仕事帰りに寄って飲めるよう、この家を選んだ。たしかに大きくて風情があるが、古くてあちこち傷みが来ているのは見て取れる。彼の財力ならラグジュアリーなマンションやモダンでセレブな戸建てという選択もあったのではないか。

「自分ひとりで高級なところに住むというのにいっさい興味がないのです。そんなのはちっともおもしろくない。僕は料理が苦にならないし、元来もてなすのが好きなんですね。カレーや餃子、牛すじ煮込みなんかをどーんと作ってみんなで食べるのがいちばんおいしい。ピカピカした家具より古道具のほうが好きだし、何ごともゆるくて気楽なのがいいんですよね」

最近も二キロの牛すじを煮込んで振る舞ったばかりだ。こういうボス、きっと悪くない。

仕事の成功を聞きつけて株を勧めてくる人もいるが彼は乗らない。

「自分の理解しきれないことに金をつぎ込むより、上等なミキサーや料理道具のように、〝使えるもの〟〝新たに価値を生み出すもの〟に金を使いたいんです」

いってみれば、人生への果敢な挑戦者。商売に対しては真摯で堅実。その根底には母のこんな教えが。

「負けてもゼロまで」

ゼロ以下になるほど失敗をするな、〝これくらい大丈夫〟とたかをくくるな、分をわきまえろというわけだ。実家は裕福だったが、彼が学生の頃、父が事業に失敗して母は心労を重ねた。だからこそ胸の深いところに刻まれた。たとえば、テナントを多数借りているが、借り入れ金は、保証金（敷金）分を天井に設定している。分不相応な借金は背負わない。

その母はじつは、商売どころか働いたこともない。

「それだけに、息子の自分から見ても純粋な人で、自分も母のように道徳的であり、信義に厚い人間でありたいなと思っています」

この家に越すとき、食器をはじめたくさんの荷物を処分した。持ちすぎず、溜め込みすぎず。利益も成功も同様だ。みんなでシェアしながら、肩に力を入れすぎず、気楽に日本一を目指す。

彼は、私の見てきた中では新しいタイプの経営者だ。儲けることがゴールではない。ならばどこがゴールか。一〇年後の彼に会って確かめてみたい。

ただひとつわかっているのは、今日も彼は短パン姿で従業員のためにおいしい料理をあの台所で作っているということ。新しく届いた大きな業務用ミキサーで、中東の家庭料理のフムスを作ってみたいのだと目を輝かせていた。うん、やっぱりこういうリーダー、悪くない。

# 少しずつ母になってゆく記

会社経営（女性）・53歳
川崎市・戸建て・５DK＋３LDK（義母）
長男（会社員・23歳）、次男（21歳）、長女（14歳）、義母（78歳）との５人暮らし

のっけから私ごとで恐縮だが、私は二一年前、長男を宿したとわかったとき、手放しの喜びより、編集の仕事を中断しなければならないというとまどいのほうがはるかに大きかった。プロダクションに勤めて四年目で、仕事がおもしろいときだった。当時、周囲には乳児を抱えて働いている同業者がひとりだけいた。年下の夫との間にふたりの男児を抱える、フリーランスの編集ライターとして働く女性だ。

あるとき、憂い顔の私に彼女が言った。

「ばりばり働いているまっただなかに子どもを授かって、あらら困ったな〜っていう気持ち、私にもわかるよ。もうちょっと先、落ち着いた頃でよかったのにって。でもね、仕事を続ける限り〝子どもを生むのは今が絶好のタイミングだ！〟なんて思うときはこないよ。仕事はおもしろいし、いつだって私たちは何かに追われているんだから」

誰もが祝福の言葉をかけてくれるなか、彼女は私の心にもくもくと広がりつつあったグレーの真ん中に、ぽーんとボールを投げてきた。読心術者に見えた。それでもまだ霧の中にいる私はつぶやく。

「会社も辞めなきゃだめだろうし、フリーになっても育児と不規則な編集の仕事と両立できるか不安で……」

すると彼女は母の顔で、力強く言った。

「ああ今だ、なんてない。あるとすればそれが今なんだよ。だから授かったことを受け入れて、腹を決めて感謝しよう。私は二回の妊娠の両方ともそう思ったよ」

私には働く母として先輩の彼女がいたが、彼女自身が出産した頃は周囲に前例はあまりいなかったのではあるまいか。産休も育休もないなかで、子どもを生みながら独身時代と変わらぬ量の仕事をしてきた彼女はいわば開拓者だ。

「今が、そのとき」。その一言に大きな力をもらい、私は母になった。


前置きが長くなってしまったが、さて、その彼女の話を。

その後女児をもうけ、三児の母になった。そして、末っ子がゼロ歳のとき、夫が別の女性と暮らし始めて別居。三年後、仕事仲間と編集プロダクションを興し、七年後、正式に籍を抜いた。

今年、彼女の長男は社会人になった。私からたまにメールをすると「正月から一日も休んでいない」「営業して、編集して、書いて、お金の計算をして。時間がいくらあっても足りない」と嘆いているので、これまでのんびり自宅を訪ねる機会もなかった。

料理はもちろん、冷蔵庫のなかを長男が整理してくれることもあるという今なら、話を聞けるだろうかと思った。結婚、出産、起業、離婚、三人育てながら全力疾走だった二四年間。「ずっと親や恋人に頼ってばかりでけっして強い人間ではなかった」という女性がひとつの別れを経験して、自分の足で立ち、生活を切り盛りするようになった。彼女はどんな台所で奮闘してきたのだろう――。

## お母さんのアンチョコ帖

「ひとりで育てたんじゃないよ。そんな立派なもんじゃない。二世帯住宅で上にお義母さんが住んでいるから。義母に助けられたし、私ひとりじゃとても無理だった」

次男が生まれたとき、二世帯にリフォームをした夫の実家に移り住んだ。義父母、祖母もいる大所帯。部屋は五つある。その家を出ていったのは夫で、彼女が残った。祖母、義父が相次いで亡くなり今は、戸籍上の繋がりがなくなった元夫の母との五人暮らしだ。

はたから見たら変わった家族構成かもしれないが、義母は竹を割ったような性格で、一貫して家族を置いて出ていった実の息子より、嫁の味方だった。それがどれほどありがたかったことか。義母もまた、舅と姑と同居し、大家族のなか、ピアノ調律師として、フリーランスで出張を繰り返しながら、三人の子どもを育てあげた。働きながら家庭をやりくりする厳しさを知っているからこそ、彼女をサポートする立場を迷わず選んだのだ。

彼女は当初、家を出ていくことも考えたが、賃貸の不動産業界が三児を抱えたシングルマザーに厳しいのは火を見るより明らかだ。

「ただでさえ、子どもが三人いたらご近所にうるさいだろうし、部屋数もいる。かといって

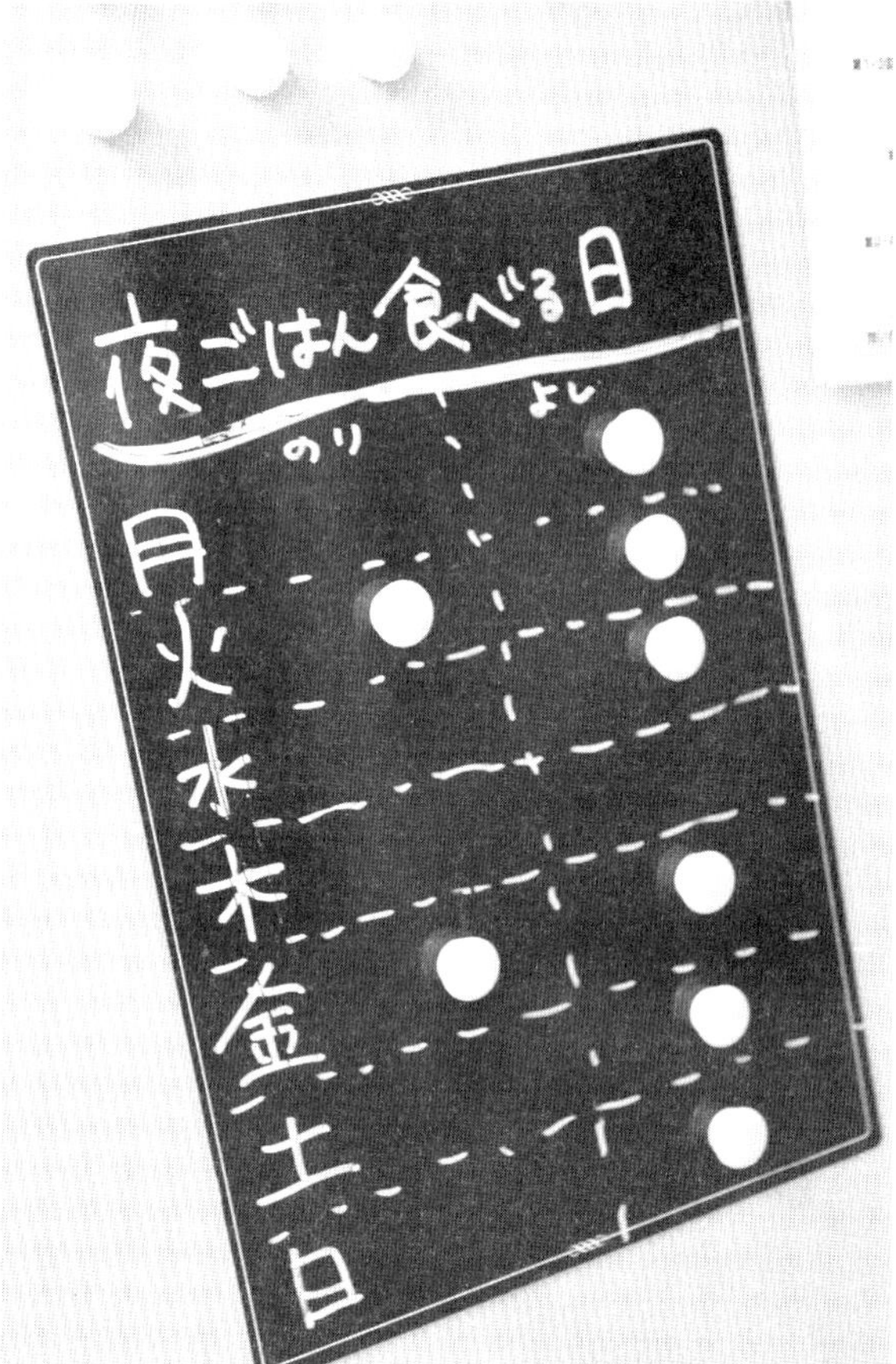
夜ごはん食べる日
のり
よし
月
火
水
木
金
土
日

とても戸建てを借りるほど経済的余裕がなかった。だから当面はお義母さんに甘えよう、蓄えができたら自立しようと考えたの」

さらりと言うが、義母は他人である。どこまで甘えるかという塩梅はかんたんではない。ところがそこのところをじつにうまく折り合っている。そのコツは、過去につぶやいた彼女のこんな言葉に隠されている。

「保育園のママたちを見ていても思うけど、最近の人たちってみんな迷惑かけ下手だよね。すごく気を遣い合う。先に上手に迷惑をかけると、相手も次に困ったときお願いしやすくなるし、そうやって助け合えたらみんなが楽になれるのにね」

彼女は迷惑かけ上手だ。仕事が遅くなるとき、夕食出しは義母に頼む。ただし、そこには自分で編み出したルールがある。下準備まではやっておくのだ。

「メインおかずの下ごしらえは週末に一週間分を仕込む。あとは揚げるだけ、火を通すだけにしておく。ロールキャベツや煮込みは鍋ごと冷蔵庫へ。肉や魚は麹や粕漬けなどにしてあとは焼くだけ。それで、遅くなる日はお義母さんに最後の火を通すところだけお願いしますと頼むの」

全部おんぶにだっこなら、実の親子でさえも揉めるだろう。オール・オア・ナッシングではない。できるところまではやるが、やれないところははっきりと甘え、ヘルプを求める。この方法なら、義母も買い物や献立作りなどの煩わしい負担なしに、フォローしている確かな実感をもてる。三人の孫らとの楽しい夕食の時間が張り合いにもなる。もちろん孫との関係も密になり、感謝される。こうして夫の実家で、夫なしの義母と我が子で暮らしてきた。

それでも木曜日には作り置きが切れるので、仕事帰りにスーパーに寄り、食材を買う。疲れているときは惣菜を買うこともある。長男次男が食べ盛りの頃は、一度に買う肉は、豚はバラ四〇〇グラムを四パック、ブロック六〇〇~七〇〇グラム、鶏はもも二枚、ささみ、ひき肉。これで数日持たせる。

欠かせないのは献立ノートだ。土曜日の朝、一週間分の献立を作る。

「これがないと立ちゆかない。肉か魚のメインと、野菜のおかずの二種を決めるの。日持ちさせなければいけないので、とにかく漬け込みが多い。タンドリーチキン、マグロやカジキの醤油漬け。安いお肉でも漬けておくと熟成して柔らかくなるから。塩麴、レモン塩、味噌、柚子胡椒。手を替え品を替え作ってる」

まかないおばさんみたいでしょ、と笑いながら二〇年分の献立ノートの一部を開いた。トマトソースパスタ、ハムカツ、マーボー豆腐。仕事で見慣れた彼女の細かな字が並んでいる。でも、これはお母さんの字。世界にひとつ、彼女以外だれも見ることのない料理の記録。義母を含め五人の胃袋を支えたアンチョコ帖。

生むのは今だよ。今がそのとき。あのとき背中を押してくれた人はこんなにたくましいお

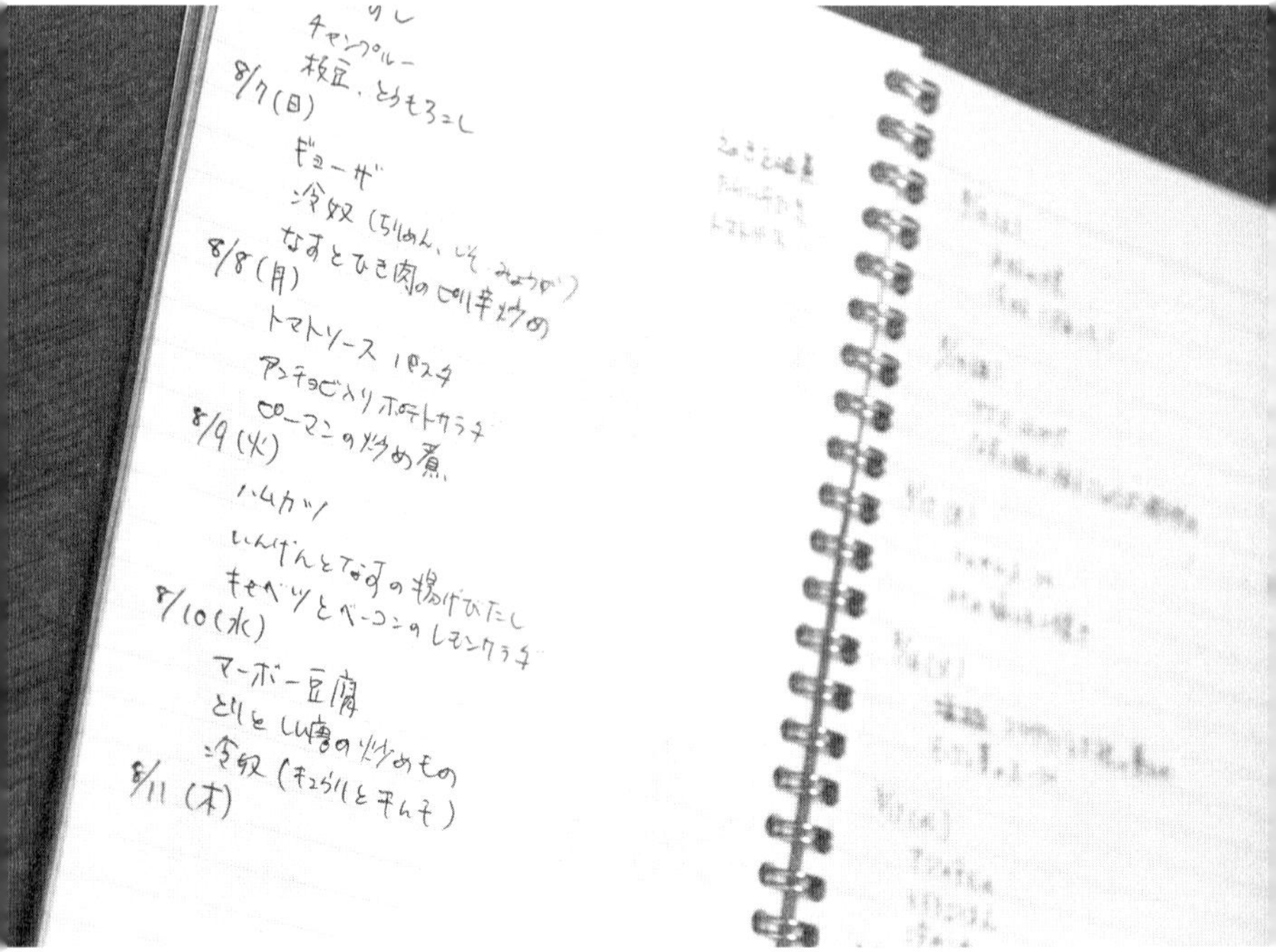
チャンプルー
枝豆、とうもろこし
8/7(日)
ギョーザ
冷奴（ちりめん、しそ、みょうが）
なすとひき肉のピリ辛炒め
8/8(月)
トマトソースパスタ
アンチョビ入りポテトサラダ
ピーマンの炒め煮
8/9(火)
ハムカツ
いんげんとなすの揚げびたし
キャベツとベーコンのレモンサラダ
8/10(水)
マーボー豆腐
とりとしし唐の炒めもの
冷奴（キュウリとキムチ）
8/11(木)

母さんだったのか。

## いじけながら、おろおろしながら

長男は明治大学、次男は早稲田大学に進んだ。働けど働けど預金がどんどん減っていく。手のかかる幼い頃より、成長した一〇代の頃のほうが迷いや不安が多かったと振り返る。

「塾にいつから行かせるか。一浪させるのか、させないのか。公立か、私立か。いちいち迷う。教育をどう考えるかは人生に関わる大きな問題。なのに先生に呼び出されても相談する相手もいない。全部ひとりで決めなくちゃいけないの。そこで初めて気づいた。私、もともと強い性格じゃなくて、自分ひとりで何かを決めたっていうこともほとんどなかったんだなあって」

次男の公立高校の合格発表の日、連絡がなかったので落ちたと思い込み、笑おう笑おうとバスの窓で笑顔の練習をしながら帰途についた。受かったとわかったときは、気が抜けてヘナヘナと座り込んでしまった。

半分男のようなもの、と自嘲する。母であり、ときに父でなければならなかったからだ。忙しい編集者の横顔しか知らなかった私は、「すごいなあ、ほんとにすごいなあ」という、うんざりするほどありきたりな言葉しか出てこない。

彼女はかぶりを振る。

「よし、今日からこの三人をしっかり育てていくんだなんて、切り替わるもんじゃない。なんで私だけといじけながら、おろおろしながら、半べそかきながら手探りでおかんをやっていただけ。で、ふと気づいたら神経がぶっといおばさんになってただけ」

まだ、中学のバスケット部に所属する娘がいる。今日も冷蔵庫には漬け込み肉や衣の付いた魚がパンパンに詰まっている。義母は元気で、「上ふたりの孫が社会人になって自活したら、もうこんな大きな家がなくてもなんとかなるかもね。そしたら売って老後の資金に充てようかしら」と冗談めかして言うが、彼女は「本当はずっとみんなで、わいわいこの家に住み続けていたいんだろうなあって思っていることは痛いほどわかるの」とのこと。今は毎日、義母は孫娘と食べる夕食を楽しみにしている。

ところで、そんな手探りのお母さんが、なぜこんなに料理を頑張れたのか。

「夫が出ていって頭の中が真っ白になって呆然としていたとき、何人もの知り合いの男の人たちに〝かあちゃんはうまいもんさえ作っとけば感謝されるから大丈夫〟って言われたんだよね。ああ、ご飯か、男の人にとってかあちゃんってそういうもんかと。だから一生懸命料理したのかも」

夫が出ていった直後はあれがいけなかったのか、それともこれかといろいろと原因を考え

CLOSED

た。どうしても思い当たる決定的なものが見つからず、むしろうろたえた。こちらに非があったら納得もいくのにと。女としての自信をなくし、なぜ自分だけがこんな苦労を引き受けなくてはいけないのかという怒りの感情と、子どもたちに申し訳ないという気持ちがない混ぜになった。無責任に発した「そういう男は過ちを繰り返すよ」という知人の言葉が胸にべたりとどす黒いコールタールのように貼り付く。

夫に家に戻ってほしいという気持ちが最初からなかったのかどうか、もはや思い出すすべもない。さまざまな感情が交錯したことだけはたしかだ。ときには思いきり泣いたり、頼りたい背中、借りたい胸もあったに違いない。これまで、夫には思うところがあるが、子どもに自分がだめな人の子どもと思ってほしくない一心で、夫の悪口はなるべく言わないようにしてきた。もともと強くはなかったと言うから、後天的にたくましくなった。とすれば、そのぶれない強さは、きっと台所で養われた。

「頑張っているお母さんの姿を見せればいいよって言われても、そんな必死なお母さんになりたくないし、見せたくないの。もっとのどかで普通にしていたかった。頑張ってるおかんじゃなくて、うまいもん作っているおかん、それなら私でもできるって思ったんだよね」

息子ふたりが成人したら、娘と小さな部屋を借りたいという。引っ越し先にはあの献立ノートも連れていってほしい。

# 二八歳彼が四一歳彼女に作る豚の角煮

俳優、アルバイト（男性）・28歳
新宿区・戸建て・1LDK＋婚約者の両親の2世帯住宅
婚約者（41歳・シンガー、ボーカルトレーナー）とのふたり暮らし

## この恋は、犯罪!?

「好きになっちゃったかもしれません」

一時間のボーカルレッスンを終え、指導トレーナーの彼女と一緒に教室を出たとき、彼は言った。告白というより思わず口をついて出た、というのが正しい。

彼女は、臨時で受け持った教え子の唐突な申し出に戸惑い、曖昧に笑って受け流した。だが、当時の気持ちを彼女はこう振り返る。

「たった一時間、たまたまピンチヒッターで受け持っただけ。ちょうどハモリの練習だったのですが、なんだかとても波長が合って気持ちよかった。今まで仕事場でだれかを好きになったことがなかったのですが、あのとき内心〝私も好き〟と思っていました」

彼は俳優の卵で二七歳。彼女はイギリスの音楽大学を卒業後、ボーカルトレーナー、シンガーとして多忙な四〇歳。そこからメールのやりとりが始まり、三ヶ月後、初めて鎌倉でデートをした。

帰り、江ノ電から藤沢駅で小田急線に乗り換えた。すると突然彼が言った。

「ほかにお付き合いしている人はいますか？」

「いえ、いません」

「じゃ、僕と付き合ってくれませんか」

彼女はその夜、受け持ちのクラスがあったので仕事場に戻り、おそるおそる彼のプロフィールファイルを開いた。

「年齢を見てびっくりしました。犯罪だわ、と思うくらい若かった。しっかりして落ち着いているのでもう少し上かと思っていました。これはハッキリ私の年齢を彼に伝えなくてはと思いましたね。それでだめならこの恋はあきらめよう。こんな素敵な人と出会えたことだけでもギフトのようなもの。私はそれで十分幸せだったと」

たった一度のデートで彼女は恋に落ちていた。


かたや彼は、童顔の彼女を三〇代くらいだろうと思っていたという。お互いの幸福な勘違いが運命を変えた。

三度目のデートで高円寺の彼のアパートに招かれた。得意の料理を振る舞いたいと言われた。本や服、雑貨が混じり合う男の子の秘密基地のような空間で、センスのよさが伝わった。小さな台所でこしらえられたご飯に味噌汁、焼き魚、かぼちゃの煮物が、テーブルに並んだ。前夜から煮込まれたかぼちゃに甘辛い味がしみこむ。料理上手な男性と付き合ったことのない彼女は目を丸くし、そしておそるおそる聞いた。

「これって付き合ってるってことになるんですよね」

「そうです」

「だったら言わなくちゃいけないことがあるの。私、四〇歳なんです」

知らず知らずのうちに涙が溢れていた。

彼は驚いたが、こう口を開いた。

「年を聞いたからって嫌いにはなれません」

彼女がさらに号泣したのは言うまでもない。

私から見てもチャーミングで、およそ四〇代には見えない。天真爛漫で少女のようなおもかげさえあるが、イギリスから帰国後は、音楽で生計を立てたい一心で恋愛をする余裕もなかったという。

「私は祖父のお金で留学をさせてもらいました。共演したい人もいる。作りたい作品もある。9・11のテロで音楽をやる意味を見失いかけたこともありますが、どうしてもかなえたい夢があり、音楽で生活も成り立たせたい。そうすることが唯一祖父への恩返しになると思うのです。だから毎日が必死で。自分は一生結婚はしないんじゃないかと思っていました」

まさかそんな自分が、二〇代の生徒と恋に落ちるなんて。たぶん、音楽と結婚したような、一生懸命な彼女だからこそ惚れたのだ、彼は。

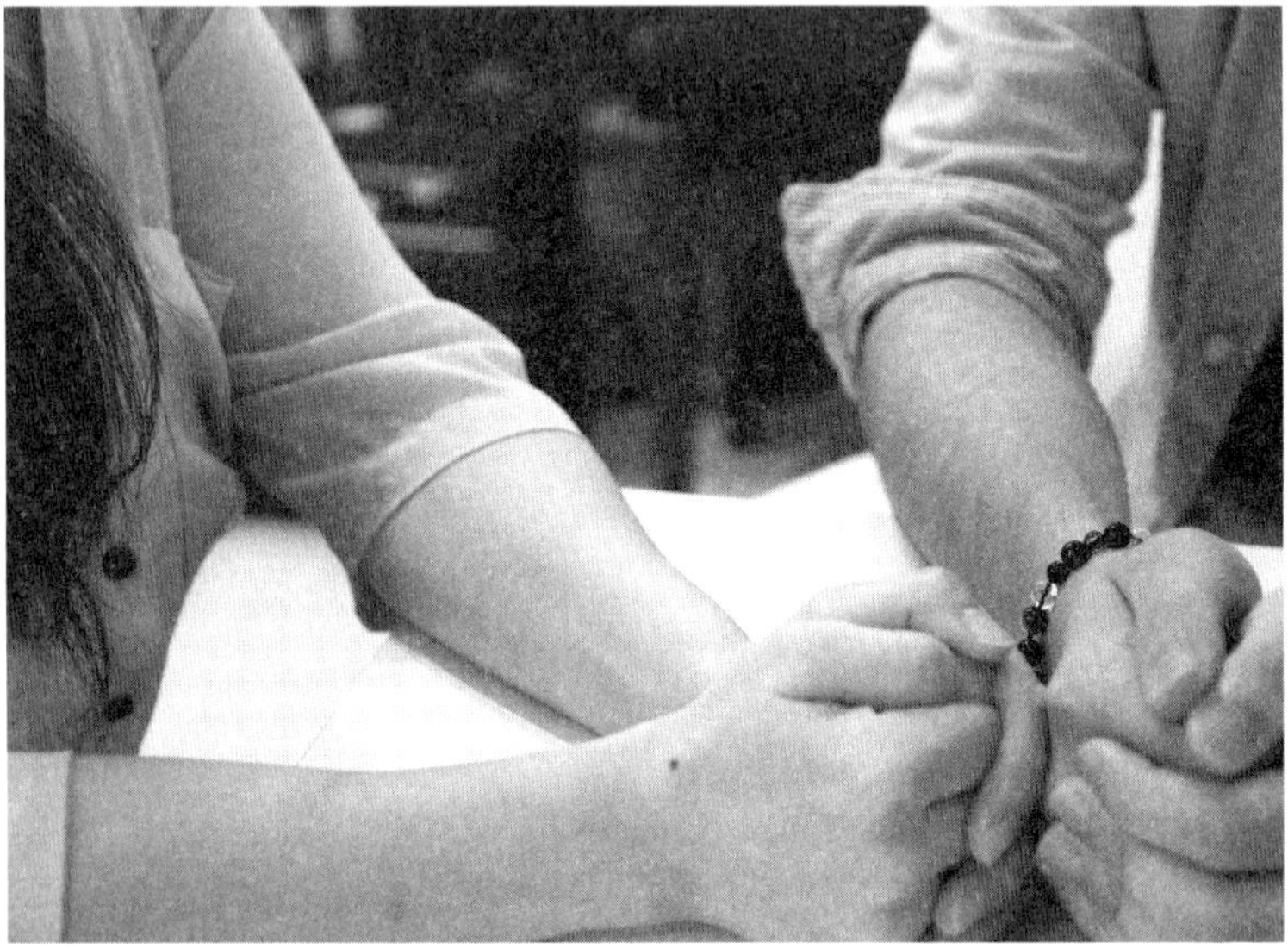

## 彼女の家で見つけた家族の形

一方、彼は二〇歳のときに両親が離婚をしている。母、妹とは仲がいいが、父とはこの一〇年で二回しか会っていない。

「僕は結婚の成功例を見ていないので、結婚はしなくていいと思っていたのです。でも彼女の両親に紹介されると、あれよあれよというまに結婚話が進んでいって。さすがにちょっととまどいましたね。まだ結婚に対する現実感がなかったので」

地方の国立大学を卒業後、俳優を目指し上京。高円寺のアパートで自炊しながら役者修業を続けていた。まじめで明るい。料理が上手で、人あたりのいい彼を彼女の両親はすぐに気に入ったらしい。

彼は考えた。今後、同年代の子で彼女のような素敵な女性に会えるという保証はあるだろうか？　答えはノーだ。「年齢なんて関係ない」。改めて強く思った。さらに彼の心を動かしたのは、彼女の両親の姿だ。

「僕もお義父さんも料理好きでよく一緒にスーパーに行くんです。お義母さんにこれを買いましょうかというと、〝ママはそれよりこっちのほうがいい〟と言う。あるいは家でみんなでお酒を飲んでいるとき、なんとなくペースがあって、一杯目がビール、その後ハイボールになる。僕がまちがえてお酒を勧めると、〝ママはもういいからね〟とお義父さんが言う。お義父さんがお義母さんのことをなんでもわかっていて、とても大事にしているのがよくわかる。いい夫婦だなあと思います」

パパがあなたのことをこう言ってたわよ、と彼女の母から聞いたこともある。夫婦の間に隠しごとがないのだとわかった。

「僕の家は、小さな頃から隠しごとが夫婦の間にあって、子ども心にもそれがわかってた。もめると、どちらの味方になればいいかわからなかったりしました。風通しのいい夫婦だなあ、これが家族というものかと今、初めて学んでいます」

そんな両親に大切に育てられたひとり娘の彼女に、彼が惹かれたのは自然な流れだったといえる。

彼は学生時代から豚の角煮が得意で、友だちに振る舞っていた。今は、上階に住む彼女の両親のためによく作る。もちろん彼女も大好物だ。ちょうど昨夜作ったというので見せて下さいと言ったら、彼女の父がきれいに平らげて、大根と卵がほんの少ししか残っていなかった。最初に豚のブロックに焼き目を付けておくのがコツだ。すると味がしみこみやすい。朝は、必ず卵掛けご飯。彼の大好物で、いつしかその習慣が彼女にも移った。醤油はもちろんだが、必ず味の素、塩少々を加える。「これにサラダ油を足すのもこくが出て、また格別なんです」と、彼流の食べ方を嬉しそうに語る彼女をほほえましく思った。その卵は同居の

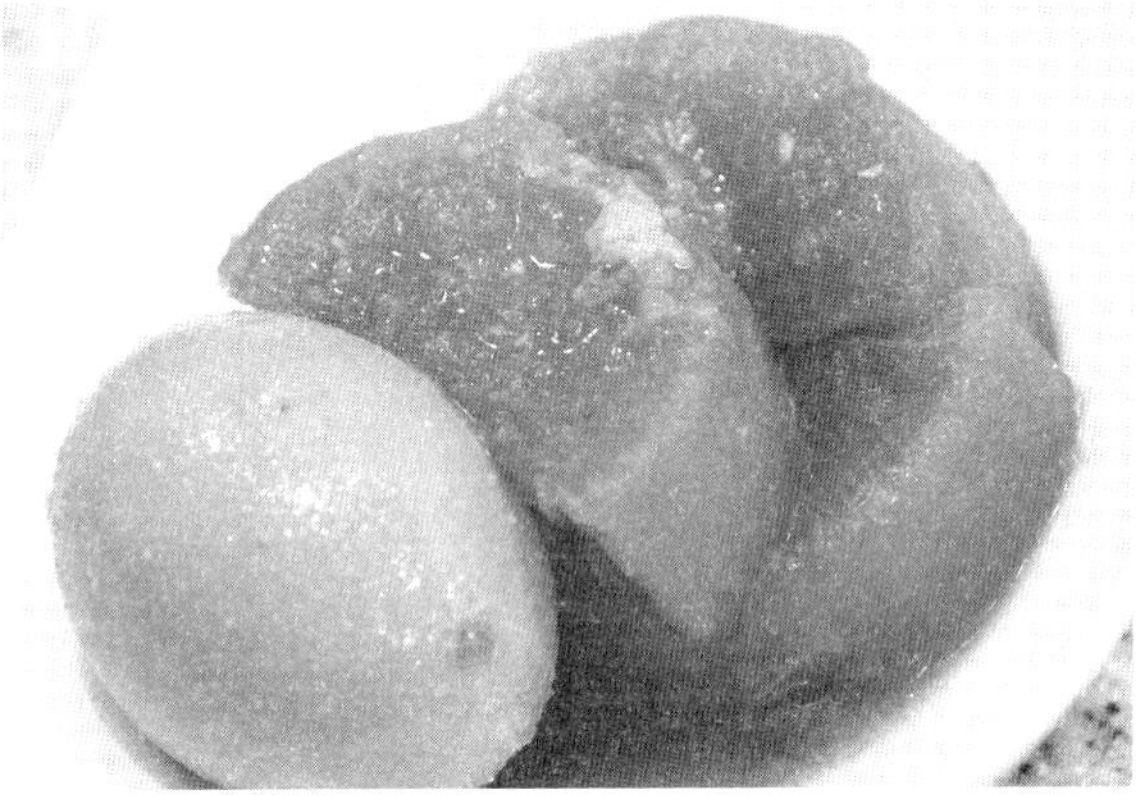

義父が差し入れしてくれる。「霧島山麓育ちの卵」というブランド品で、黄味の風味が強く、味が濃い。

「卵は毎日のことだから、どうせならいいものを食べなさい」と、娘夫婦の分も多めに買うのだという。

彼女はボーカルレッスンなど夕方からの仕事が多く、料理は三食彼が担当。掃除洗濯もこなしている。

今秋、ふたりは結婚する。俳優業の継続は三〇歳をめどにしている。目下、音楽の仕事で多忙な彼女のビジネスのサポートをしようと夢をあたためているそうだ。

年齢や肩書きや職業や育った環境で、男女は幸せになるのではない。新婚夫婦なんてみんな危なっかしいし、こころもとないし、でも愛だけはたっぷりあってどうにかこうにか、時間をかけて夫婦という形に整っていく。その点、彼らには、素敵な夫婦の見本がそばにいる。これは心強い。

聞きたいことは十分聞けて、久しぶりに取材を早めに切り上げた。こういうのを〝あてられた〟というのかな。

# トルコ、団欒の手がかり

会社員（女性）・38歳
杉並区・賃貸マンション・３LDK
夫（会社員・39歳）、長男（６歳）、次男（４歳）との４人暮らし

土鍋で炊いた栗ご飯、味噌が隠し味の手作り餃子、牛肉と豆腐のすき煮、さつまいも・白菜・玉ねぎ・きのこの味噌汁、黒豆の枝豆、きゅうりのぬか漬け、ミニトマト。食後には、つやつやした栗の渋皮煮が出てきた。私など土日の昼は、麵類一皿で済ますのがつねだが、ずらりと料理が並んだ食卓を見て率直に思った。――撮影用だろうか？

彼女は笑いながら言う。

「週末の昼か夜はいつもこうなんです。私は忙しい部署にいるので、平日の帰宅はいつも終電間際。夫が子どもの夕食から寝かしつけまでを担当します。その分、休日は私がはりきるというか、これくらいの品数は作りたくなるのです。子どもたちはパーティみたいだねって言うんですが、おかずが並んだ食卓を見ると、私自身も満たされる気がして」

共働きで、保育園に通う男児がふたり。育児は夫と交代制にしている。平日は夫が園の迎えに間に合うように退社し、子どもを寝かしつけたあと持ち帰った仕事を食卓に広げることもある。そのかわり土曜日に出社して、終わりを気にせず仕事に集中する。彼女は朝食と、洗濯や掃除など家を整える家事と土曜日の家事育児を引き受ける。日曜日は一家団欒。ルールを作るというより、自然にこのスタイルに行きついたらしい。

「だから私は平日の夜中、家族が寝静まったあと洗濯物を干したり、部屋の片付けをすることもあります。睡眠時間？　ああ、短いけど、わりに平気なんです」

体力には自信があるが、それでも疲れ果てているときは、干しっぱなしの洗濯物や散らかった部屋を見て深い溜め息が出ることもある。この間もそうだった。

二三時に帰宅して、リビングで持ち帰った仕事をしている夫の横をバタバタと往復し、山になった洗濯物を汗だくになって片付けていた。……と、夫がのんびりした口調でこう言った。

「肩揉んで〜」

は？　と思った。だが、ここで事を荒立てる気力もない。ただでさえ疲れきっているのだ。

「はいはい。これでいい？」

と、椅子の後ろに立って五秒だけ揉み、家事に戻る。すると彼がまた言った。

「頭も揉んで〜」

それでどうしました？　と私は身を乗り出す。大学の同級生カップルで、いくら気心が知れているとはいえども、それはないだろうと思ったからだ。

「あのさー、私が家事してるの見えてるよね？　とは言いました。でも、呆れたのを通り越して、もう笑えてきて。このタイミングでそれ言うか？　ほんとおもしろい人だなあって」

声を荒げて喧嘩したことが一度もないという。お互いに冷静な性格というのもある。だがそれ以上に、心の深いところで感謝の気持ちがぶれずに通底しているのではないだろうか。

平日の子どもたちの全てを受け持ってくれる彼に。朝一〇時に出勤してから日付が変わる時刻に帰宅するまで、家のことを一切忘れて仕事に没頭できる環境を保証してくれる彼に。

当初は夜遅くまで預けられる民間保育園も考えたが、彼が「延長はやめよう。自分が迎えに行くから」と申し出た。その言葉通り、平日の育児を彼は彼なりに楽しんでいる。洗濯物の取り込みを忘れていてもそれがどれほどの失点と言えようか。彼女は言う。

「我が家は、やれるほうがやれるときにやる。育児は、時間より質だと思っています」

## 徹夜で栗の皮を剥く

それにしても、である。秋が来れば徹夜で栗の皮を剥き、春には山菜の天ぷらを揚げ、梅雨には梅ジュースやあんずジャムを作る。そのやる気はどこから湧いてくるのだろう。

「食べることは大好きですし、旬を逃したくないという思いは強いです。季節は待ってくれませんから。今食べないと出会えない味がある。夫の実家が丹波《たんば》で、毎年大きな栗や黒豆の枝豆を送ってくれるので、無駄にしたくないし、それを目の前にすると、おーし、やるぞーって夜中でもやる気になります。甘露煮や塩ゆでにして冷凍すれば、季節の味を長く楽しめますしね」

それだけで、激務の人がそんなに頑張れるものだろうか。仕事で上がりっぱなしだったテンションをクールダウンするのに、保存食作りや家事はちょうどいいとも彼女は言うが……。

ほくほくの栗ご飯のお相伴にあずかりながら、私は考える。いつか、菓子作りが趣味のマ

トでつくる お肉の

マ友がモンブランを作ってきてくれたとき、こう嘆いていた。栗の渋皮って本当に剝きにくいんだよ、まず鬼皮に切り込みを入れて剝いて、今度は何回もゆでこぼして渋皮の筋を剝くの。もうモンブランだけは作りたくないな。

そのようにして煮込んだ栗を、この家の子らは本当においしそうに頰張る。滋味溢れる旬の手料理を食べ慣れているのがわかる。今さらだが、この食卓は撮影用じゃない。

「夫は結婚前はアパレル業界にいて、激務で体を壊したそうです。それを聞いて、食の大切さを身にしみて痛感しました。それを機に転職しましたが、今でも野菜が足りないと、彼は不調になります。だから、どんなに忙しくても食事はきちんとしたいというのがお互いにあるかもしれませんね」

今は彼女が激務だ。そういう働き方をして子育ての一時期を過ごしたことのある私は、なお合点がいかなかった。よほど強い何かがないと、栗ご飯なんて炊けない。

「ビル・カシュク・ダハ」

連日、終電帰宅が続いているという彼女に追加取材を申し込むべきか考えあぐねていたとき、メールが届いた。

あれからつらつら考えて思い出したことがあるという。メールには次のようなことが書かれていた。

〈うちは私が中二のときに両親が別居して以来、母はパートに出て忙しいので一家団欒ってあんまり記憶にないのです。忙しいながらも母は、季節の仕込みをまめにやる人でしたが。それ以上に、二〇歳のとき留学したトルコで影響を受けたことが私にとっては大きいです〉

そこから始まった彼女とのやり取りに、私の知りたい核心があった。


大学三年のとき、彼女はトルコに留学した。下宿した先は、夫に先立たれた老婦人がひとりで住む3LDKのアパルトマン。いちばん広い一〇畳ほどの部屋に間借りをした。一般家庭なので風呂とトイレは共用、老婦人は三度の食事の用意から洗濯までしてくれた。

「そのおばあちゃんの作る日常の何でもない料理がなにもかも、本当においしくて。トマトベースの野菜や鶏の煮込み、レンズ豆やひよこ豆のスープ、肉や米をブドウの葉で巻いて煮たドルマや、ボレッキという具だくさんのパイ。毎週末には、電車で三時間離れたところで自活している大学講師の息子さんがご飯を食べに帰ってくるので賑やかになります。トルコでは子どもたちはみんな母親の味が自慢で、私が出会った何人かの女性たちはみな、料理に懸ける情熱が半端じゃなかった。母親もまた、自分の料理は最高という自負があるようでした」

毎日、ダイニングテーブルで、ワイドショーやドラマを見ながらゆっくり食事を楽しむ。

ダイニングから離れたところにある台所は意外なほどこぶりで、コンロも作業スペースもシンクも、日本の平均的なファミリー仕様のマンションとほとんど変わりない雰囲気だった。その台所で、老婦人は、季節がめぐるごとに旬の果実で鍋いっぱいにジャムを作った。とりわけヴィシュネというさくらんぼで作るジャムが「最高においしかった！」らしい。

朝食は、トルコパンとともに必ず手作りジャムが何種類も食卓に並ぶ。せっせと果実を煮込むその姿を見て彼女はしみじみ思った。——季節を閉じ込めているみたいで、ジャム作りっていいもんだな。

トルコは裕福な国ではないが、農業が主要産業であり自給率が高く、食卓はゆたかだ。そのうえ、彼女いわく「あの国は完全に家族至上主義、一家団欒の国なんです」。

いつもおかずを作りすぎる。保存が好き。「おなかいっぱい」と、食事を終えカトラリーを置くと、ニコニコしながら「ビル・カシュク・ダハ」と言ってお玉にいっぱいのおかずのおかわりをよそう。ビルは「一杯の」、カシュクは「スプーン」、ダハは「さらに」。「はい、じゃあもう一杯ね」というトルコの決まり文句だ。老婦人と囲んだ卓を思い出しながら、彼女はこう忖度《そんたく》する。

「トルコのお母さんたちは、家族をおなかいっぱいにさせることが母親の大事な役目と思っているんじゃないでしょうか。家族を喜ばせるためくふうして手の込んだ料理を作る。ビル・カシュク・ダハは、団欒での忘れられない言葉です」

トルコの食卓での最大の学びは、手間ひまかけた温かい料理があれば家族は幸せを感じるというシンプルなことだ。

「だからみんながそこに集まる。母の手料理があるから家族が帰ってくる。私の実家は、みんな全然素直になれなくて、感情の起伏を互いにできるだけ見せないようにして暮らしていました。でも、トルコ人に囲まれていると、私ももっと素直に家族や親戚への愛情、感謝を伝えてもいいのかなあと実家のことを思い出しました」

中二のときに父が家を出てから、専業主婦だった母はデパートで働き出した。彼女もまた、私立中に通い続けるため飲食店でアルバイトをした。家では、母も五歳下の弟もだれも父のことを話さない。当時の心情を彼女はこんな言葉で形容する。

「みなが生きるために気を張り詰めていました——」

父にも母にも、そして自分にも素直になれなかった。父の存在が家族の中でタブー化されたことで、いつしか感情の起伏をできるだけ見せないようにする癖がついていた。気持ちを吐露するより、抑圧するほうに傾く。それは、おそらく団欒という言葉からは遠い暮らしだ。

彼女いわく、トルコ人は「うざいくらいに」家族を大事にし、愛情をストレートに表現する。そのかわり怒りや不満も隠さず爆発させる。前述のように、「私ももっと素直に愛情や感謝を伝えたらよかった」と言うが、私は少し異なることを想像する。なぜ？　苦しいよ、しんどいよ、寂しいよ、もっと甘えたいよ、もっと愛して！　一四歳のとき、強くて、聡明で、責任感の強い彼女は言えなかったたくさんの言葉を心の中にしまって鍵をかけた。本当は鍵なんてかけてはいけなかったのだ。苦しみや不満こそ吐き出すべきだった。トルコ人のように、喜怒哀楽の「怒」や「哀」をすべてまるだしにして初めてわかり合える「喜」や「楽」や親愛の情がある。母や弟の苦しみを思って、そうできなかった彼女の長い時間を思い、私はどうしようもなく胸がつまった。

「父親のいる家庭の感覚がイマイチわからなかった」と言う彼女の脳裏には、今も鮮明に、トルコの卓を囲む温かな家族の光景が焼きついている。親子、きょうだい、親戚が、会うたび去るたびに頰を寄せ合い抱きしめ合う姿や、途方もない手間ひまをかけ、豆やドライフルーツを煮込んで作るアシュレという伝統的なデザートの優しくて甘美な味の記憶とともに。

かの地では、あちこちで、着替えが入らないほどスーツケースいっぱいに、食材や調理器具を詰め込んで、子どもの留学先や単身赴任先に持っていく母親たちの姿を目撃した。

「現地で買えばいいのになんて思うけれど、自分の手料理を食べさせなきゃ！ と家族を思う必死な気持ちがひしひしと伝わってきました。現地の友人が、トルコ人のお母さんはみんなこうなのよ、と教えてくれた。これも忘れられない強烈な思い出です」

メールはこんな言葉で結ばれていた。

〈私たち夫婦は、週末だけでも家族で食卓を囲んでおいしいご飯を食べることで、何とか夫婦&家族であり続けられるのかもしれません。それ以外はほとんど業務連絡ばかりだし。逆に言うと、うちの両親の関係が破綻したのは、一家団欒がなかったからかな……。家族を大切にする、精神が安定した夫のようなタイプと結婚して私はとてもよかったのだろうなと思っています。小さな不満はもちろん日々ありますけれど（笑）〉

食べきれないおかずが並ぶ週末のご飯も、徹夜の皮剝きも、あんずジャムも、原点はトルコのお母さんたちだ。

手間ひまかけた温かい料理を週末しか作れなかったとしても、彼も子どもたちも、きっと過不足のない幸福に満たされている。

私も満たされる、時間より質です、という彼女の言葉が蘇った。いいのだ、これで。

# 築五〇年の文化住宅が教えてくれた暮らしの音

会社員（女性）・33歳
中野区・賃貸文化住宅・２DK
夫（36歳・会社員）、長女（1歳）との３人暮らし

大学の軽音サークルの先輩と結婚。夫は植物を育てるのが趣味で、新居の条件は庭付きが必須だ。そこでたどりついたのが文化住宅である。今はなき阿佐ヶ谷住宅と同じ前川國男の設計で、現存する前川のテラスハウス（連棟式の低層住宅）建築としては都内ではここのみという貴重な物件である。

以前、阿佐ヶ谷住宅に何度か訪れたことがある私は、一刻も早く取材に行かねばと意気込んだ。すでに築五〇年余。いつ立ち退きがあってもおかしくはない。案の定、住人は憂い顔だった。

「戦後にできた道路計画で、ここもゆくゆくはなくなるそうです。一〇年住んだ両隣も引っ越したまま、空き家になっていますから。昼も夜もすごく静かで寂しいです」

敷地には蜜柑の木をはじめ、住人らが代々植えてきた多様な植栽が青々と茂っている。庭付きメゾネットの棟が七つ。全部で二〇戸あり、一角に民間保育園が入っている。当初は企業が買い上げ、社宅に利用されたりもしたが、今は個人住宅として買った人がそのまま住んでいたり、賃貸に出されていることが多い。アメリカの郊外の住宅のような洒落た建物には、かつて著名な作家やカメラマン、女優も暮らした。

## お隣さんから学ぶ夫婦仲の整え方

今、住人の彼女は大きな喪失感の中にいるという。初めての出産、子育て、社会復帰を支えてくれた隣人が先月引っ越したばかりで〝ご近所ロス〟なのだと肩を落とした。

「四〇代のご夫婦で、越して間もなく、声をかけてくださって。奥さんはオーケストラに所属する音楽家で、働きながら三人の子育てをされた、いわばお母さんの大先輩。乳児の娘が食べない、寝ないと悩んでいると相談にのってくれ、私が疲労と頭痛で床に伸びていると、見ていてあげるわと子どもを預かってくれました。三人のお子さんたちも妹のようにかわいがってくれて。大事なことをたくさん教えてもらい、たくさん与えてもらい、どれだけ救われたことか」

親しくなるきっかけは、夫が庭で煙草を吸っていたときのこと。隣の主人も吸っていて、「おー、今日休み？」と話しかけられた。

「はい」

「じゃ、ちょっと飲む？」

縁側に腰掛けてビールを飲んだ。そのうち「うちでご飯食べる？」とゆっくり付き合いが始まり、気づいたら週三回は互いの家を行き来する関係に。子どもを寝かしつけた頃合いを見計らって、お隣の奥さんがワインと湯飲みを持って現れることもしばしばだった。

「産気づいたとき、病院に送ってくれたのもお隣さんですし、仕事と子育ての両立に慣れず、疲れきっているような絶妙のタイミングで〝今日、ご飯食べに来ない？〟と声をかけて

くれる。お隣さんがいなかったら、私たちの子育ては全然違ったものになっていたと思います」

密室の子育ての息苦しさはよくわかる。些細な成長の遅れや体調の変化が気になり、くよくよ悩んでいるうちに、不安が増大したりするものだ。聞き役になってくれ、「大丈夫よ」と背中を押してくれる存在がいるといないのとでは大違いなのである。

彼女は、神経質に離乳食の硬さや大きさもマニュアル通りに作っていたが、お隣に預けると結構大きな野菜ももぐもぐ食べていた。「あ、あれでいいんだ」と肩の力がすっと抜けた。

隣の主人が言った言葉も忘れられない。「親が教えることってどこまでなんでしょうね？」と聞いたときのこと。彼はこともなげに言った。

「いやあ、全部だよ」

親として駆け出しの頃で、「そうか。これで終わり、はないんだな」と背筋が伸びた。

住人の夫が言う。

「夫婦喧嘩の声も子どもを叱る声も聞こえる。この住宅は、良くも悪くもプライバシーがないですが、僕らはそこが心地よかった。住まいを探すとき、最初は家の作りやインテリアや雰囲気なんかを気にしていましたが、子どもが生まれるとそんな見た目のことはどうでもよくなる。なによりコミュニケーションや環境がとても大事だなと実感しています」

お兄ちゃんがジュース飲んだあ、早くご飯食べちゃいなさい、テレビ消しなさい！　兄弟喧嘩の原因も手に取るようにわかる。

夜、集まって飲んでいるときに、その夫婦が些細なことから言い合いを始めることもよくある。

「ところがどんなに喧嘩をしても、しばらくすると手を繋いだりしている。え、喧嘩してたじゃん？って、その関係性の振り幅がとても不思議に思えました。まだ私たちも夫婦というチーム運営のコツがわかってない頃のことです」

最初は中にはいって止めようなどとして慌てたが、付き合っていくうちに、これはお隣さんの自然なコミュニケーションのひとつなのだとわかってきた。そして、これは状況を受け流すという高度な家族経営、日常運営のコツなのだと気づいた。

とはいえ、どんな夫婦にも行き違いやほころびはある。その繕《つくろ》い方も参考になった。

「おいしいものをおいしいと思うテンションが夫婦で同じなんですね。一皿一皿食べるたびに、オーケストラの公演で巡った各地の思い出話が出てきて、会話が止まらない。食べることがふたりの日常のかすがいになっているような気がしました」

縁側がなくなり、オートロックで外部から容易に人が入り込めなくなり、日本の住宅は安全性、気密性は飛躍的に高まったが、内と外を遮断することでなくしたものがたくさんある。

それはたとえば、この若夫婦のように、夫婦や家族の運営のしかたを先輩から学ぶといった経験の伝承だ。ぶつかっても仲直りしてまた前に進む。小さな茨をのりこえるコツは教科書には載っていない。

## ご近所ロスの先は？

八月、隣人はいよいよ手狭になり、広い家に越していった。しばらく経つが音がないのがとにかくこたえるらしい。

「会わない日でも、ガチャガチャ皿を洗う音、子どもの笑い声、夕餉の支度の音。そういう生活の音が聞こえてくるから、こちらも生活にハリが出るということに、いなくなってから気づきましたね」

引っ越しの日。彼女は涙を見せず、できるだけ明るく振る舞った。

「だって、あちらにとったら新しい家に移るお祝いの日。私が泣いたりしたら申し訳ないですから。朝ご飯を用意してみんなに食べにきてもらいました。奥さんも明るく振る舞っていましたが、見送るときは〝ちょっとうるっときちゃうね〟っとしんみりなって」

隣家の主人に言われた言葉が今も胸に残る。

「もうお隣さんじゃないけど、これで友達だね」

付き合いは今も続いている。きっと一生続くのだろう。

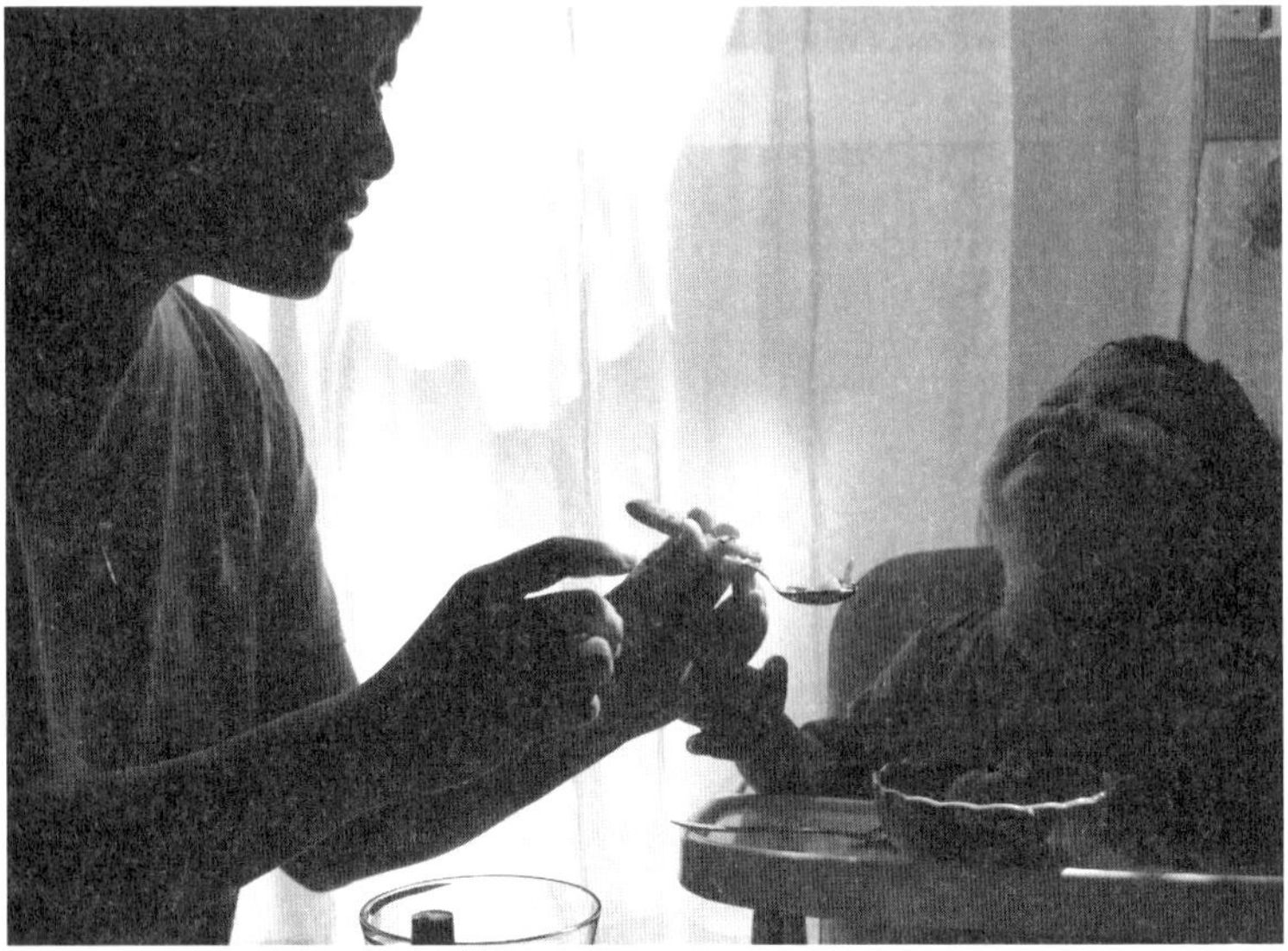

近隣住民の反対で保育園が建てられない、音が原因の隣人殺人……etc.。東京でしばしばせちがらい話を耳にする。何を守り、何が大切と考え、何を排除するか。若い夫婦はひとつの正解を持っている。教えてくれたのは一〇も年上の夫婦と三人の子どもたち。

庭に出てみた。夫の育てた鉢植えや小さな畑がある。低いフェンス越しのすぐそこに隣の家の庭が。そう、これはたしかに目が合ったらビールを飲みたくなる。かつて酒を酌み交わした庭には雑草が生え、しんとしずまりかえっていた。人の気配のあたたかさを思う日曜昼下がりの文化住宅。若夫婦は最期を見届ける住人になるのだろうか――。

# その後の恋の話

四年間、人様の台所を訪ねていると、さまざまな交流が生まれ、思いがけない〝その後の物語〟を知って驚かされることもある。

最近では、本書第六話「離婚。味覚をなくした先に……」の住人から、「取材を受けたら何か憑き物がすっかり落ちたような気がして、何かが確実に変わった。その二日後、ある男性と映画を見に行き意気投合し、翌月正式にお付き合いすることに。五ヶ月後、両家の親に挨拶に行くことになりました」という内容のメールをもらった。

彼女は、元夫ともほんの数えるほどだが一緒に食事作りをしたことがあった。「そのときは、確かに幸せな一瞬を感じた」という。メールの最後にはこう綴られていた。

「今お付き合いしている彼は、取材していただいた、あの狭苦しいL字型の台所で、悪戦苦闘しながら煮込み料理に挑戦してくれ、リオ五輪や、カープ優勝をテレビで観ながら一緒に食べたりもしました。食卓を一緒に囲む人がいるって、本当に楽しくて愛おしいことですね。元夫とは、お互い別々のところで、それぞれが幸せを感じられる相手と生き直して、いつかそっと互いの人生の記憶から消えられたらいいなと思います。こんな心の有り様になれたのは、やっぱり連載されたあの記事のおかげです」

〝消える〟とあるが、思い出したくないという意味ではなく、そっと遠い記

## 台所見てある記②

憶になることを願っているのだと私は解釈した。文面から、愛する人と時間を紡ぐ幸せが溢れるように伝わってくる。そういう人と囲む食卓は、味噌汁一杯、煮っ転がし一鉢でも極上の味なんだろう。同時に、かつて一度でも食卓を囲んだ人がどこかで幸せになってほしいという優しい気持ちも伝わる。この余裕は取材時にはなかった。

台所のことを話しながら、彼女は心の傷を繕《つくろ》い、そこに立ちながら、生きる力を養い、しなやかに強くなった。台所は彼女にとって再生の場所だったのだ。

かつて、取材した住人から「ひとり暮らしの娘の台所を取材してください」と依頼されたことがある。訪ねると、母親が思っているよりずっと真面目に就職のための勉強をしていて、書き込みだらけのテキストを見て、目頭が熱くなった。そして、玄関脇のコンロがひとつの小さな台所には、コップに歯ブラシが二本ささっていた。母親にバレたらいけないと、こちらがドキドキ、シャッターを押すのをしばしためらった。

始まったばかりの恋。終わりそうな恋。亡き人が心の中で生き続ける恋。台所は愛と人生を赤裸々に映し出す。外で肩に力を入れて頑張っている人の、鎧《よろい》を外した素が見えるから興味が尽きないのである。

# 空間が教える夫婦の相性

彫刻家（男性）・71歳
町田市・戸建て・３LDK
妻（51歳・会社員）、義母（75歳・無職）との３人暮らし

何度もため息が漏れてしまった。蒸籠《せいろ》とざるをしまえる吊り戸棚。キャスターが付いた鍋収納。古い本立てを壁に取り付けた布巾入れ。木造の古い戸建てを購入。リフォームして、台所を北側から南の明るい位置に移動した。最低限の造作は大工にしてもらったが、棚などはすべて住人の彼の手作りだ。

だから、欲しいものが欲しい場所にきっちりある。取り出しやすく、しまいやすい。おまけにすべて木製だ。アンティークのキャビネットや古道具を上手に転用しながら、木肌の目が美しい空間に仕上がっている。生業が彫刻家とはいえ、このかゆいところに手が届く仕様とナチュラルな木肌の空間は、料理をする人間には理想郷だ。

奥行き数センチのすき間も見逃さない。棚板を設け、ずらりスパイスが並ぶ。これは自ら料理をする人でないと思いつかないしつらえだ。と思ったら、ご本人も大の料理好きとのこと。雑貨を扱う会社に勤める妻はフルタイム勤務なので、平日の夕食作りを担当している。

「きのうの夕食？　ゴーヤチャンプルとトマトと肉の炒め物とスープかな。だいたい三品は作ります。ビールやワインなどをそのときの食事に合わせて、ゆっくりおしゃべりしながら一時間くらいかけて食べますね」

結婚は一九年前で、三度目である。同居の義母の助けも借りて、なんとか聞き出したなれそめはこうである。

美術を教えていた小学校に、妻の弟が通っていた。その縁で、妻の母親とふたり展をした。

妻の母親は画家である。その展示の手伝いに来ていたのが今の妻である。二〇歳差でどのように恋が始まったかはなかなか語りたがらないが、「打ち上げで食事をしていたらなんだか盛り上がっちゃって。一緒にいるとほっとするんだよね」とのこと。

恋愛に年齢は関係ないが、あらかじめ芸術家同士の信頼があった母親が味方になってくれたことは大きいに違いない。でなければ、二〇歳上、三度目の結婚の男性に容易にゴーサインは出すまい。

「この人、とても働き者でお料理上手ですよ」

と、妻の母がつぶやいた。働き者で料理上手。とてもシンプルな言葉だが、生活を共にする人への賛辞としては最上級じゃなかろうか。

結婚後、妻は、土日に料理を担当。妻の母と三人で卓を囲む。

「何を作るって決めてかかるより、その日あるものをなりゆきで。買い物の食材は妻と一緒に選びます」

カレンダーの横に、

「2017年、プチトマトは赤だけ」というメモが貼ってあった。

「ああ、それ妻が書いたの。軒先でプチトマトを育てているんだけど、黄色いトマトは苦手らしいんだよね。来年は赤だけでいいっていう覚え書き」

私のような若輩者が言うのもなんだが、恋をしている人の話を聞くのは楽しい。こちらまで心がほっこりとなる。奥さんの作るもので好きなものはと尋ねると、うーんと照れた後につぶやいた。

「おやつでゼリーを作ってくれるよ。あれはおいしいね」

## 自由の根拠

台所もリビングも、木のテクスチャーのものがほとんどで、独特のあたたかみがある。ものは多いが、統一感があるので落ち着いていて目にうるさくない。

「子どもの頃から両親がものを選ぶ目が厳しかったですね。プラスチックが大嫌いで。若い頃にはわからず、インテリアや暮らしってこういうもんかなと思っていたけれど、今になるとそういう審美眼から影響を受けたものは大きいなと思いますね」

洋画家の父、作家の母の間に生まれた。母は女性の生き方や恋愛論、おしゃれについても健筆をふるい、テレビにも多数出演したいわゆる女性評論家のはしりでもある。

千代田区三番町にあった実家は、建築家が建てた実験的な作りだった。母は女中を料理学校に通わせ、料理を習得させた。女中がいないときは、彼は自分で作ったので子どもの頃から料理には馴染みがあったのである。

「両親は僕が彫刻の道に進むのに何も反対をしませんでした。母自身もとても自由に生きていましたし」

母は大正生まれだ。女性が職業を持ち、出産後も仕事を続けるのはまだ珍しい時代である。だが子育ても家庭も仕事も、奔放にこなした。そうできた理由を、彼は短い言葉でこう表現した。

「母は弟を戦争で亡くしています。だから生きていることを噛みしめていたんじゃないかな」

生に感謝しているからこそ、だれにも遠慮せず、自由に思うままに生きる。彼の生き方もまた無意識のうちに母の哲学を踏襲しているように私には見えた。


ところで、この家にはプラスチックが見当たらない。

「もともと古い家を買ったので、システムキッチンみたいなピカピカ新しいものが来てもしようがない。建物とトータルで合っていることが大事だと思うんです」

新婚の妻も、そういうものを一切望まない人だった。木とステンレスの質感で統一されたすみずみまで手作りの台所を見ると、夫婦の相性の要素はいろいろあるが、美意識というのは大事なファクターだなと痛感する。だれもまねできない、どこにも似たものがないオリジナリティあふれる台所。うーん、やっぱりいいなあ。

妻とは会えなかったが、ふたりの価値観がどれほど合致しているか、手に取るようにわかった。指一本で引き出しが動いたり、オーブンも食洗機も付いたピカピカのシステムキッチンに憧れる女性なら、彼との暮らしは続かない。いやそれ以前に、ふたりは恋に落ちない。台所というのはかくも雄弁なのである。

取材当初は「こんなところが絵になるかな」と不安げだった住人が、翌日電話をしてきた。「トイレも手作りの工夫がいっぱいなの。よかったら見に来て」

再訪していないが、独特の美意識が詰まった味わい深い空間に違いない。トイレの本を書く日が来たら、ぜひに。

# 〝家〟と結婚。母子ふたりの料理天国

フリー編集者（女性）・49歳
新宿区・分譲マンション・2LDK
長女（13歳）とのふたり暮らし

## ガス台脇、憧れの〝パリッ〟

築二〇年のマンションをフルリフォームした。台所のガス台の横には念願のリンナイ上火《うわび》式グリラーを設置した。住人は、長年の夢が叶ったと満足げだ。けっして広くはないガス台脇に大きなグリルを置くのを、リフォーム担当の建築家から「ガス台とグリルと、ガス二つになっちゃうけどいいんですね？　本当に使うんですね？」と何度も確認されたという。

「このグリルは上火式で、焼き鳥屋に行くと必ず厨房にある。皮目をパリッと焼くのに最高なんです。二〇年くらい前、大阪の法善寺《ほうぜんじ》横丁の居酒屋のカウンターでひとりで飲んでいるときにそれが見えて、ああ、あのグリルうちにも欲しいと思ったのが始まりです。以来、飲み屋の焼き物はだいたいそれで焼くってわかってきたんです」

仕事でも料理関係の書籍を編集することもあり、自宅で撮影することもある。食に関しては並々ならぬ情熱を抱いている。そんな彼女がどうしても欲しかったグリルは、蓋がなく、食材をただただ焼き上げるだけのシンプルなプロ用厨房機器だった。

「魚、肉、野菜。なんでも直火でパリッとこんがり焼き上がる。人が来ると必ず、パリッをやりますね」

原点は故郷・福井の魚屋だ。生魚と共にさまざまな惣菜が並んでいるその店に母と買い物に行くのが楽しみだった。

「焼き魚はもちろん、串焼き、照り焼き、魚の惣菜がずらりと並んでいて、どれもすっごくおいしいんです。奥には大きなリンナイのグリラーがあって。蓋がないのがおいしさの秘密だなって子ども心に推理していました」

大人になって法善寺横丁で再会。そこからまた月日は流れ、ようやく魔法のグリルが自宅にやってきた。中学生の娘とのふたり暮らし。使っているか尋ねると、正直な答えが返ってきた。

「ちょっとめんどくさくてね。ふたりのときはあまり使わないかな」

そういうものだと私も思う。夢が叶って毎日眺めているだけで彼女が幸せなのだからそれでいい。

## さよならベトナム

二〇〇九年から三年間、仕事も東京も捨て、小学生の娘を連れてベトナムに住んだ。恋人の赴任について行ったのだ。

「好き好き、一緒に行きたいの一心だったです。空港に降り立つと、もあっと暑くてね、よけいに恋愛モードに火がついちゃった。彼は素朴で勤勉なベトナム人をいつも褒めていました。その影響もあってか、滞在の間、嫌な思いをしたことが一度もなかった。今でもベトナムは大好きです」

　肥沃な大地で採れる米、野菜、果物がすこぶるおいしい。炒め物などと一緒に葉っぱ類もたくさん食べる。バターでローストした豆を使うベトナムコーヒー、砂糖と醬油とヌクマムで作る煮物、揚げ春巻き……。ベトナムで覚えた料理は枚挙にいとまがない。じっとしているのが苦手で、頼まれるままに編集の仕事を始め、気がついたら現地で編集プロダクション的なことをしていた。慣れない新天地のはずが、持ち前のバイタリティで、ばりばり暮らしの根っこを築いていたのだ。彼はもっと自分を頼ってほしかったのかもしれない。少しずつ、でもはっきりとふたりの心はすれ違っていき、三年目の帰任の日、彼はひとり機上の人になった。

「ベトナムでも途中から別の部屋で暮らしていましたし、彼の帰国はそれほどショックではなかった。ただ、この町にあの人がいないんだと思ったら急に寂しくなって。娘とふたりでいる意味がわからなくなってきました。一方、日本の第一線で仕事をする知人から送られてくる雑誌や書籍は、すごくクオリティが高くて。私ももう一度その現場に立ちたくなったのです」

　娘とふたり異国にぽつんと取り残された気持ちになったのだろう。潔く荷物をまとめ始めた。

食事中は
スマホを見ない。

大好きなベトナムに終《つい》の棲家はなかった。今、日本でヒット作を次々編み出す彼女にとって、あの三年間はきっと旅の途中、少し荷物をおろして羽を休めた場所だったのだ。

もともと持っていた神楽坂《かぐらざか》のマンションに戻った彼女はすぐに仕事を再開。待ってましたとばかりに昔の仲間から依頼が続き、がむしゃらに走り続けて今に至る。取材の日も撮影したばかりの料理写真のコピーがひとつかみ、テーブルに積まれていた。

マンションは、もともと父が持っていたものだ。ベトナムに行っている間も手離さなかった。孫がベトナムに馴染めなかったらいつでも戻っておいでという祖父としての思いからだった。

「そう、家賃を払わなくてすむマンションがあるのはありがたいですね。家があるというのは日那がいるのと同じ。このおかげで自分の収入で暮らしを賄えている。ローンがあったらひとりで子育ては難しいですから。だから、家があれば夫がいなくてもいいって最近しみじみ思うんです」

冗談めかして言うが、説得力がある。娘の七五三や中学進学の折は、近所の料理屋や八百屋に赤飯を配って歩いた。日頃、通学中の娘に声をかけ、温かく見守ってくれているご近所さんへのせめてもの御礼だという。

家、ご近所、仕事仲間、友だち。神楽坂という小さな地域社会に支えられ、しっかり根を張り、二本足で立っている。男はいらないと言いきるほど意地にもなっていないし、チャーミングな魅力が溢れる人だが、彼女はきっとこの家と結婚したようなものなのだろうなあと思った。だって、お気に入りのグリルや台所道具や、リビングの床材や間取りを説明するときの顔がこのうえなく幸せそうだから。

# 九二歳、祈りの中で生きる作法

主婦（女性）・92歳
品川区・分譲戸建て・４Ｋ
ひとり暮らし

フタが外
洗いやすく
清潔です！

## 東京大空襲で故郷へ戻る

佐渡島《さどがしま》出身で七人きょうだいの下から三番目である。昭和一一年、一七歳のとき、仕立屋に奉公していた姉を頼り上京。姉の奉公先で修業をしながら、和裁を習った。

「なんで上京したか？　東京のほうが芸者街なんかもあって仕立ての仕事が多いし、佐渡では、旦那にはぐれたとき手に職があったほうがいいとみんなに言われていたから。だから姉の子を世話しながら一生懸命和裁の修業をしましたよ」

努力の甲斐あり、昭和一八年に和裁の免許を取る。しかしまもなく住人は佐渡に帰ってしまう。東京大空襲に遭ったためだ。

「弟が深川で亡くなったのです。私は五反田《ごたんだ》にいて助かった。ショックで一週間何も食べられなくてね。荷物も焼けて何もなくなって。トラックでけが人が運ばれていくのを見て、もう佐渡に帰ろうと思いました」

三年後、佐渡で同郷の男性と結婚。昭和二五年、今度は夫が、親戚のつてで日本橋の旅館案内所で働くことになり、家族四人で上京した。

「今で言う旅行代理店業です。新橋に住んだので、私は新橋の芸者さんたちの着物を仕立てたり。今のところに家を建てたのは昭和三〇年です。夫が旅館を真似て、玄関と台所の間に丸形の障子をしつらえたんですよ。この家は日当たりがよくて、道も静かなの」

以来今日まで、同じ家に住んでいる。二児を育てながら、和裁の仕事は平成一五年まで続けた。

料理はなんでも作る。息子の友だちが来れば餃子を作り、カツやコロッケも人気だった。親戚の子を預かっていたときは毎朝四つの弁当を作った。今や二児の母である孫娘がしみじみ言う。

「おばあちゃんの料理はなんでもおいしいんです。寄るといつも料理とお布団が用意されていてまるで民宿みたいなの」

ひとり暮らしだが、ご近所さんから息子夫婦、孫も出入りしていて賑やかだ。

庭には餌付けをしているという鳥の餌台があった。その横にはりはり漬け用の大根が干してあり、正月の鏡餅を砕いたものが紙の上に並んでいる。油で揚げてあられにするという。冷蔵庫には自家製の千枚漬けと松前漬けが。

折々の季節に合わせて暮らしの行事を紡ぐ、少し前の日本人のだれもがやっていたつつましやかでていねいな生活がそこにあった。歳時記とか季節行事とかそんな大げさなものではなく、もっと日常に溶け込んだ、小さな季節の移ろいに心を寄せながら暮らすかつて当たり前だったこと。自分の祖母もこうしていたなあと、彼女の生活を見たらだれもが懐かしく思い出すのではないだろうか。

# 仏様が第一

「近所のスーパーで重い野菜を買ったら、ちょっと家まで運んでって、仲良しの八百屋さんに頼むの。ちゃんと運んでくれるよ、よそで買った野菜なのに」

なんと元気で朗《ほが》らかな九二歳であろうか。

夫は八八歳で亡くなった。それから毎日三食、仏様に供えるご飯を新しく作り、自分は仏様のお下がりをいただく。

「今日のお昼は食べたくないなあと思っても、仏様のご飯があるからやっぱり何かしら作りますね。お蕎麦をさっとゆでたり。仏様のをもらわないと、もう食べた気がしないんですよね」

どんな少量であろうと、朝も昼も夜も、残り物ではなく、新しい食事を作るというのはけっこうな手間だ。そう言うと、さらりと返す。

「仏様が第一だから」

外で食事をするときは、供える分を必ず買って帰る。

「お供えしながら、息子、嫁、孫、孫の家族、全員の名前を唱えてどうぞ大事にしてくださいってお願いしてるんです。最近孫が結婚したから、そのお嫁さんの名前も言って、お願い

してるの」

遊びに来ていた息子の嫁が大きな声で言った。

「だ〜からおばあちゃんのお祈り、長いんだ〜！」

千枚漬け、磨かれた鍋、砕いて干したあられ、信心。ついこの間まで近くにあった暮らしの作法のかけがえのなさを思った。

## 料理家の台所 1

家庭のためだけではなく、
生き方として「料理」を選ぶ人がいる。
味や料理のスタイルを提案する
料理家もそんな職業のひとつだ。
台所を人生の舞台と選んだ、
ふたりの人気料理家の物語に迫る——。

# インディペンデント——。
# フランスの恋で学んだ
# 人生のルール

柳瀬久美子さん
料理家、フードコーディネーター・53歳
目黒区・テラスハウス・2SLDK

「この家のポンコツ具合が気に入っているんです。なんだか懐が深いの」

開口一番、そう言って柳瀬さんはからからと笑った。

築四〇年の瀟洒《しょうしゃ》なテラスハウス。古いので断熱も十分でなく、冬は足元から冷える。コンセントも少ない。自宅で料理本の撮影をしたり、教室を開く身としては、電源が少ないのは痛いに違いない。だが、そんな不便もひっくるめて、この古い台所を愛おしんでいるのが、入居一二年という歳月からもわかる。


『豆腐チーズケーキ』『クイックブレッドで朝ごはん』『カスタムクレープ&ガレット』……。二〇一六年だけで菓子や料理のレシピブックが四冊。これまでに五三冊を上梓している。それ以外に広告のフードコーディネート、企業のメニュー開発、自宅で菓子や料理の教室を主宰と多忙な売れっ子である。料理本の製作が二ヶ月で四冊重なった先日は、食材の買い出しに行く途中、車の中でふいに涙が止まらなくなって困ったという。「忙しすぎでは」と言うと、「そう、そうかもしれないですネ」とあっさりかわされた。好きで進んだ料理の道で、依頼のある限り期待に一二〇パーセントの力で応えたいという強い気持ちがある。不意にこぼれたわけのわからない涙など、きっと彼女にとってとるに足らないことなのだ。

私がそう思ったのは、料理家になるまでの長い物語を聞いたからだ。あらゆる依頼に応える強い信念の礎には、忘れられないひとりのフランス人男性の存在があった。

## 一八歳の菓子屋修業、そして彼の地へ

料理番組のために試作したというリコッタチーズのアイスクリームケーキ「カッサータ」を切り分けながら、柳瀬さんは十代の記憶を遡った。

高校二年の夏休み、菓子を食べるのも作るのも大好きだった彼女は、アルバイト募集の張り紙を見て青山のパティスリーで一ヶ月だけ働いた。

「それが楽しくて楽しくて！　お菓子作りのことをもっと知りたい、もっと長く働きたいって思ったの。お菓子を作れる職人さんがカッコよく見えてね。自分もああなりたいなあってそのとき強く思いましたね」

職人たちが、どこそこの店のだれが店を持つらしい、あそこのお菓子がすごかったと話しているのを聞くと、バイト料を握りしめてすぐに買いに行った。最先端の洋菓子の情報が、現場レベルでいち早く耳に入ってくる。そのたび高校生の柳瀬さんは、人の感想でなく、自分で食べて確かめたいと思った。

「三年になるとみんな進路のことを真剣に考え出すんだけど、私は菓子職人のことで頭がいっぱいで。池尻大橋に、青山の店の知り合いが新しい店を開くというんで、学校の帰りに寄ったんです。そこのケーキが本当に宝石みたいにきれいなんです。マドレーヌを買って食

べたらものすごくおいしくて。青山の店は昭和なケーキを作っていたけど、この店はフランス菓子を作っていました。ああ、私もこの〝ホンモノ〟のケーキが作れるようになりたい！って思いました。翌日、厨房に行って〝お菓子屋さんになりたいんです〟って直訴しました」

気むずかしそうな店主は、懇願する彼女を一蹴した。

「厨房に女は入れない。女なんかに務まらないよ」

その言葉にもひるまず毎日通い、「店で働かせてほしい」と懇願した。まるで朝ドラのストーリーのようである。店主は最後に折れた。

「とにかく高校を卒業したら三年黙って働け。そうしたら職人にしてやる、と言われました」

初任給を鮮明に覚えている。七万二三〇〇円。自宅通いでなければ生活していけない金額だ。

「朝八時から二二時まで働きづめでした。職人は全部で八人で、女は私ひとり。同期もいなくていちばん下でした。職人たちと飲みに行くと説教をされるか、師匠の悪口を聞かされるか。でも楽しかったですねえ。女の子で体を冷やしちゃかわいそうだからと、ケーキ作りのために冷房を効かせていた冬場は、暖かい釜場《かまば》に回してくれたり、気を遣ってもらっていました。師匠はフランスとスイスで修業をした人で、シブーストひとつとっても、見たことのないような美しさでした。この素晴らしいケーキをタダで食べられて、技術も盗める。私なんか足手まといだったと思いますが、無我夢中で一流の人の横で勉強できた。あの三年間は忘れられません」

はたして約束の三年が過ぎた日、師匠に聞かれた。

「お前、これからどうするんだ？」

次の答えが、朝ドラのヒロインとはだいぶ異なる。

「アフターファイブのある仕事をしてみたいです」

時はバブル。高校の同級生たちはブランドのバッグを持ち、しっかりメークをして、合コンやゴルフや海外旅行に出かけていた。毎日二二時まで働き、定休日は平日だった柳瀬さんは化粧をしたこともなかった。

もうへとへとになっちゃって。それに本当にアフターファイブっていうのをやってみたかったんですよ私、とあっけらかんと言う。師匠はなんておっしゃいました？

「ぽっかーんと。開いた口がふさがらないって、ああいう状態を言うんじゃないでしょうかね」

しかし、アフターファイブに遊ぶのはものの三ヶ月で飽きてしまったそうな。結局、食べることに関連する仕事をしたくて、飲食店のアルバイトを渡り歩いた一年後、二三歳でフランスに渡った。フランス料理を学びたかったからだ。

「フランス語は全然話せませんでした。だからまず、トゥールというフランス中部ののどかな街にある語学学校へ半年通いました。アパート住まいだったのですが、そこの大家さん、ムッシュ・バイイが、妻のマダム・イレーヌと一緒に小さなレストランをやっていました。お家賃を手渡しで払いに行くと、なにかしら食べさせてくれてね。ブルターニュ出身のご主人の作る名物の海の幸の盛り合わせやスープ・ド・ポワソン（魚介のスープ）などが、おいしかった！　私のことも最初から娘みたいにかわいがってくれたのです」

半年後、満を持してパリへ。ただ、アパートを探す間、ホテル代が嵩《かさ》む。するとムッシュ・バイイがこう言った。

「娘がパリにいる。アパートが見つかるまで居候していなさい」

六歳上の娘さんは、姉のように接してくれた。人と人との垣根がない、人情味溢れるバイイ一家に、柳瀬さんは身も心も支えられ、知り合いがひとりもいないフランスで、なんとか暮らしを続けたのである。

ようやく見つかったアパートもまた、バイイの娘が保証人になってくれた。

パリでは半年間、リッツ・エスコフィエ料理学校に通った。規定の単位を取得し、ディプロマの認定も受けた。だが、なにか物足りない。語学も料理も極めるまでに至っていない気持ちを抱えたまま、なすすべもなく帰国の準備をした。目的の卒業は果たしたのだから、これでいいんだと自分に言い聞かせながら、バイイ夫妻の暮らすトゥールに向かった。世話になった恩人に、だれよりも先に料理学校の卒業を報告したかったのだ。

柳瀬さんが話し出すと、イレーヌが最初は静かに、だが、徐々にエキセントリックに怒り出した。

「フランス語をしゃべれもしない。フランス文化も知らない。クミコ、あなたそんな状態で日本に帰って、フランスにいたって言えるの？」

以前から、語学に関してはことあるごとに夫妻から厳しい忠告を受けていた。だがこれほどはっきり否定されたのは初めてだ。唇を嚙んでいると、イレーヌが言った。

「うちに帰ってらっしゃい。もう家賃はいらないから、そのお金で語学学校に通って、言葉を覚えなさい。そして私たちと一緒に過ごしながらフランスの食文化に触れなさい。うちの子なんだから、時々お店を手伝うのよ」

自分のために、これほど真剣に叱り、ここまで親身になってくれる人はフランスにいない。たまたま家を借りただけの自分に、手をさしのべようとする大家夫妻の期待と愛情に応えたいと、初めて本気で思った。

「目が覚めました。そこから私はもう一度語学学校へ入り直したのです。下校したら店の手伝い。イレーヌが厨房の片隅で時々家族で食べるご飯を作ってくれるのですが、フレッシュな白インゲン豆を使った煮込みの味は忘れられません。ここで初めてマナー、ＴＰＯに合わ

LAVAZZA
KitchenAid
Belgian Waffler

せた言葉遣い、フランスの家庭の料理やお菓子を学べました」
渡仏二年。日本の雑誌や留学情報誌にはどこにも載っていないトゥールという街の小さなレストランで、柳瀬さんの本当の料理家修業が始まったのである。

今でも柳瀬さんは、大家夫妻のことを「私のフランスのお父さん、お母さんです」と語る。ところがその半年後、親同然に接してくれたあたたかな家を飛び出した。四歳年上のフランス人医師と恋に落ちたからだ。

## パーティとバカンスの日々

知り合いのカフェで出会った精神科医の彼は、スウェーデン人とフランス人のハーフで、体が大きく金髪で、瞳はグレーがかった青い色をたたえていた。「でも金髪碧眼なんていうほどのイケメンではないんです」と柳瀬さんは一蹴する。頭がよくて、人を笑わせるのが大好き。記憶力が抜群で、付き合ってずいぶん経ってからでも、柳瀬さんと初めて会ったときにどんな洋服を着ていて、何色のマニキュアだったか、最初に話したのはどんな会話でそのとき柳瀬さんはどのように答えたかを、こと細かに覚えている。突如みんなの前で難解な数式をさらさらと解いてみせたりもした。

「おしゃべりが好きで、陽気で、性格がチャーミング。ちょっと天才肌のクレバーな人でしたが、でも本当はすごく寂しがり屋で、いつもだれかといないと安心できないようなところがありました。お城を持っているような裕福な家だったけれど、両親は一四歳のときに別居し、お母さんは妹を連れてスウェーデンに帰ってしまったのです。やがてお父さんも別のパートナーと暮らし始め、彼はばあやとふたりきり。複雑で寂しい家庭環境に育ったので、ひとりが苦手で、いつも人のいるところに行き、人の輪の中心にいたいがために、ことさら陽気でお喋り好きに振る舞っていたように思います。よく出かけるし、誘いは断らない。でもそれって疲れるんでしょうね。家に帰ってくるとぐったりしてる日もありました」

知り合ってすぐふたりで暮らし始めた。それはまるで夢のように、のどかでロマンチックな日々だった。

週末ごとに、彼の実家であるオルレアン郊外のプール付きの大きな屋敷に行き、長いバカンスはコルシカ島で過ごした。そこには両親が所有する古城があったのだ。東京育ちの柳瀬さんはそこで生まれて初めて、大自然に囲まれた暮らしを経験する。

「ばあやとマルシェに行ったり、ブラックベリーを摘みに行って一年分のジャムを作ったり。アプリコット、ヘーゼルナッツ、桃、いちご、ミラベル。この季節にはこの果物や野菜、という旬を生かした料理の知恵をたくさん教えてもらいました。お屋敷の庭師は庭で蜂を飼っていて、はちみつも採っていたんですよ。当たり前のように季節の恵みでジャムやお菓子を作る。そのときはお嫁さんになることしか考えてなくて、本当に毎日が夢のようでした」

彼と出会うまでのフランスでの日々は、長い旅行のようなものだった。自分はいつも異邦人であり旅人だったのだ。ところが彼と暮らすようになり、旅行ではなく初めて〝生活〟に変化した。彼を通して友だちもどんどん増えていく。

「友人たちの家に招かれたり、招いたり。するとみんな、デザートは自分で焼いたケーキやタルトでもてなすんですね。同世代のフランス人の地に足の着いた暮らしというものを初めて知り、生活に根ざしたお菓子やお料理、そして生活をゆたかにするための知恵や工夫を知りました。あの頃、本当に楽しかった」

彼の両親にもすんなり受け入れられ、幸せな時間がふくらんでゆく。お互いに結婚を意識し始めたあるとき、なにげなく彼が聞いた。

「君はこれから何をするの?」

え、と思わず聞き返した。「あなたのお嫁さんになったら家のことをするんでしょ?」

彼は心の底から驚いた表情で、いぶかしげに首をひねった。

「え、なにそれ。恋愛をしていても、結婚をしていても、もっと〝インディペンデント〟でいるべきだよ」

「インディペンデント〜?」

そのときはうまく解釈できなかったが、今なら彼の気持ちを言語化できる。

「文化も言葉も違う私が異国で生きていくということは、大なり小なりハンデがあるわけですよね。家に入り、専業主婦になっちゃったら、彼の生活に内包されて守られるかもしれないけど、広がりがなくて、そうしているうちに君は僕にとって魅力的な女性じゃなくなっちゃうんじゃないの？　と言いたかったんじゃないでしょうか」

彼の奥さんではなく、〝クミコ〟でいる場所を築くべきという、個を尊重するフランス人の彼らしい考え方は、今ならとてもよくわかるが、当時は「少し心細く」思ったという。

## 恋愛以前、恋愛以降

彼と結婚してこの地に骨を埋めるつもりで、日本から必要な書類を全て取り寄せ、あとは籍を入れるだけの状態だった。だがなにごとにも繊細な彼は、少しずつ精神を患い始めた。

「そう言うと、救いのない恋愛で、変なトラウマ背負っちゃったみたいな感じに思われるかもしれないけど、そうじゃないんですよ。彼との生活は二段階あるんです。第一段階は知り合って恋に落ちて、お城や畑で過ごした夢のような日々。第二段階が彼の精神が壊れ始めてからの日々。私はもともと体も気質も頑健なんですが、彼と暮らすことでその部分が強化された。どちらも大事な時間で楽しいことのほうが圧倒的に多かったの」

子どものように純粋で、そこにいちばん惹かれていた。だがその純粋なところが苦しくもあった。

「詩人の吉原幸子《よしはらさちこ》さんの作品の一節に『純粋とはこの世でひとつの病気です』という言葉があるのですが、まさにそれ。彼はピュアだから魅力的だったけど、ピュアだから壊れたのです」

当時、彼はエイズ患者の心のケアや、若者向けにセックスとエイズの正しい知識を啓蒙するボランティア団体を主宰していた。だからつねに彼と柳瀬さんのまわりには、たくさんのエイズキャリアや患者がいた。ところが、なかには治療の甲斐もむなしく死に至る若者や、エイズを苦に自殺を選択する人もいる。自ら私財を投じて立ち上げた団体と活動だったが、繊細な彼にとって患者の死は耐えられない深い傷となった。患者が亡くなるたび、ひどく落ち込んだ。一方でその活動が世間に注目されたことで、スタッフとお金を含むさまざまないざこざが起きた。心労とストレスが重なり、彼の心はゆっくり壊れていったのだ。「私との間でも些細ないざこざがあると〝君もどうせ僕のお母さんみたいに、嫌になったら自分の国に帰っちゃうんでしょ?〟みたいな暴言を吐いたりしてました。とにかくいろんなことが不安だった。精神安定剤や睡眠薬を飲みまくったり、お酒を泥酔するまで飲んだり。私が〝カウンセリングを受けようよ〟とか〝あなたは今正常じゃないから病院に行こうよ〟と言うと、〝精神科やカウンセラーがどれだけいんちきかは僕がいちばんよく知ってる!〟なんて言い返されたりしましたね」

　症状が進むと、猟銃を自らに突きつけようとすることもあった。それでも互いが好きで、ふたりの気持ちだけは通じ合っているという確信があった。

「だから不遂にも、私は彼を助けられると思ってしまったのです」

　柳瀬さんは、過ぎ去った過去を慈しむように、自然体で語る。恨みや愚痴ではなく、ただひたすら愛して、そうするがあまり破局に繋がるしかなかった恋を、微塵《みじん》も後悔していないということが伝わってきた。

「これはもうインディペンデントどころか、私がしっかりしなくちゃっていう思いに駆られましたね。でもね、お互いに愛し合っているという確信があるからこそ、うまくいかないこともあるのです」

　よくなってほしい、治ってほしいという一心で、彼を支え、励まし、受け止め、見守った。だが、少しでも目を離すと、彼は死への階段を降りようとする。

　何度目かの自殺未遂を目撃したとき、柳瀬さんは言いようのない孤独と絶望を感じた。

「私の期待や思いも彼を壊すんだなぁと悟ったら、たまらない孤独感や無常感に襲われて。そのとき思ったんです。ああ、インディペンデントだって。どんなに好きでも、どんなに救いたくても、相手の心の中を一〇〇パーセント理解するなんてできないし、仮に理解できたとしても、自分を犠牲にしてまで彼を救うことはできない。互いに自分の足で立たないといけない。だからインディペンデントでいるしかないって」

愛とはかくも複雑でままならないものなんだろうか。愛が彼を壊すだなんて。

絶望を知ると人間は強くなれるのかもしれない。柳瀬さんは、自らその生活に終止符を打つことを決めた。

「私といたらこの人はだめになる。ふたりが互いに自分の足で立って歩いていくために、別れよう」

労働許可証もない自分が、自らの足で立てる場所は日本しかない。

そして何もかも捨て、スーツケースひとつで帰国したのである。来たときになくて、帰るときに増えたものは、料理学校時代に買ったパウンド型とティーセット。そして彼から贈られて以来、ふたりの暮らしと共にいた猫のＴＡＭＡ。

猫をぎゅっと抱きしめた柳瀬さんは、涙に濡れたくしゃくしゃの顔で成田に降り立った。もうすぐ二九歳になろうとしていた。

お嫁さんになることだけを考えていた彼女は、別れることで本当のインディペンデントを手に入れた。インディペンデントとは、「独立した」「自主の」「自由な」「(他に)頼らない」という意味がある。

彼は彼女に、人生でいちばん大切な宝物を贈ったのだ。

帰国後、知り合いのツテを頼りに広告代理店でアルバイトを始め、それがきっかけで、フードコーディネーターという職を知る。三〇歳でフードコーディネーターとして独立し、自分の料理写真をまとめたファイルを持ち歩き、さまざまな出版社の編集部や代理店に売り込んで歩いた。師匠がいないので、自分ひとりで学びとっていくしかない。料理がうまい人はいくらでもいる。そのなかで、どうやって自分の個性を出していくか。

脳裏に浮かんだのはフランスでの生活だった。地に足の着いた暮らしから生まれる、生活に根ざした菓子や家庭料理、そして生活をゆたかにするための知恵や工夫。ムッシュ・バイイやばあややパーティに招いてくれた友が作る、旬の果実や食材を大事にした素朴であたたかいフランス菓子や料理を、日本の食卓に提案していこう。それなら私にもできると思った。それこそが柳瀬さんにしかできない料理であり仕事の個性だ。

レシピとともに、古家を愛おしみながら使うライフスタイルも若い女性を中心に広く支持され、料理家として女性誌の仕事も増加。独立から二三年、現在も仕事が途絶えることなく続いているのは前述のとおりである。

例の彼とは今はフェイスブックでつながっている。渡仏して時間があれば会うこともある。来年六年ぶりに会う約束をしているのだとか。

「友だちとも違う。親戚みたいな存在でしょうか」と彼女は説明する。

思い出したときにラインをしたり、彼の歴代の恋人ともメールをし合うことも。

「たぶん私たちは互いに何があっても一〇〇パーセント相手の味方だろうと思うのです。彼が窮地に立たされていたら、応援するし、彼のことを悪く言う人がいたら反論すると思う……。彼もそう思ってくれていると思います。でも、もう一生会わなくてもいいの。幸せでいてくれればそれでいい。ね？　やっぱり親戚みたいでしょう？」


取材の過程で、こんな質問をした。

「彼から得たものはなんですか？」

答えるのに数日間悩んだという彼女から、やっと届いたメールにはこう綴られていた。

「独立心だったように思います」

料理家になるまでの道程を支えた三文字が、パソコン画面のなかでそこだけきらきらと輝いてみえた。

柳瀬久美子（やなせ・くみこ）
一九六三年東京生まれ。高校生の夏休みの菓子店アルバイトをきっかけに、お菓子の道へ。都内洋菓子店勤務などを経て渡仏。帰国後、フードコーディネーターとして独立。料理・菓子教室を主宰。著書多数。

料理家の台所 2

# 考えすぎない幸福

サルボ恭子さん
料理家・45歳
世田谷区・テラスハウス

一三年前、三二歳で結婚した日に、小三の男の子と小一の女の子の母になった。夫は四歳上のフランス人で、日本で語学を教えている。サルボ恭子さんは彼の教室の生徒だった。

まだ料理家ではなく、二年のフランスの料理修業を経て帰国。料理家の有元葉子さんや上野万梨子さんのサポートを不定期に引き受けていた頃だ。恭子さんは語る。

「夫は、結婚するとき子どもたちに、〝恭子は君たちのお母さんじゃない。パパの新しい奥さんで、家族なんだ。だからママと呼ぶのは違うよ。母親は世界にひとりだからね〟とていねいに、でもきっぱり教えました。不安でいっぱいだった私は、ああ、ママにならなきゃいけないって思わなくていいんだと、ものすごくほっとしたのを覚えています」

ライフスタイルを開示することで人気がさらに高まる料理家も多いなか、自分からはあまりプライベートのことを話したがらない。言葉数が多いほうでもない。女性誌やテレビ番組で活躍する彼女の印象は私から見ると、〝職人に近い料理家〟だ。長年料理家のサポートスタッフとして裏方に徹していたからだろうか。自分のキャラクターを前に出したり、ライフスタイルなど料理以外で注目されることが得意ではない。

そんな彼女が、ぽつりぽつりと語りだした。言葉を選びながら慎重に。だが、聞かれたことにはなんでも答えましょうという、静かな覚悟が伝わる。結婚一〇年。この春、下の子が大学に進学した。一八歳までは自分の手でと、子育て中心に暮らしてきた日々に一段落ついた。料理の仕事に本腰を入れるため、料理教室を自宅から切り離し、世田谷にスタジオタイプの部屋を借りた。

今まで歩んできた日々を手ですくい取り、少し眺めてみたいのだろうと私は思った。夢中で子育てと仕事と妻業を両立してきた日々を振り返り、再び新たな気持ちで前を向いて歩き出したいのかもしれない。こうして、結婚と同時に家族が四人になった冒頭の日の話が始まった。

## 考えてもしょうがないことは考えないと決めた日

それまでの妻である日本人女性と離婚した彼は、フランスに帰国するという選択もあったはずだ。実際、両親からは、孫を連れて帰ってこいと言われたらしい。だが恭子さんと四人で暮らす道を選んだ。

「私がいたからという理由だけで残ったのではありません。日本にいたら、子どもたちが実の母親といつでも会える。引き離すことをしたくなかったのだと思います」

恭子さんはきっと、そういう選択をする父としての彼の生き方も含めて愛している。幸せにしてもらおうとは思わない。「私はこの人を幸せにしてあげられる」と直感的に思ったと言う。

それでも、初婚の恭子さんがいきなりお母さんになるというのはためらいがなかったのだろうか。

「初めて幼い子どもたちと会ったとき、本当にとってても素直でかわいくて、いい子たちだったんです。彼からはもちろん、その子たちからも必要とされている、というたしかな実感がありました。だから迷わなかった。不思議なほど躊躇をしませんでした」

夫はしつけが厳しく、一八歳までは親の言うことを聞き、そこから先は自由と自立を尊重するという確固たる方針がぶれずにあった。幼い子らに、「恭子は母ではなく、新しい家族だ」ということをていねいに懇々《こんこん》と、しっかり教えていた。優しく話す父。つぶらな眼で父を見つめ、正座して話を聞くふたりの子。その光景は今も脳裏にある。


東京郊外のテラスハウスで、新生活が始まった。

ここで彼女の簡単な略歴を紹介したい。フランス料理教室を主宰していた叔母の手伝いを経て、二〇〇〇年に渡仏。ル・コルドン・ブルー・パリ、リッツ等の料理学校卒業後、オテル・ド・クリヨンの調理場に勤務した。帰国後は、叔母のもとに戻りさらに腕を磨き、その後、料理研究家の上野万梨子さん、有元葉子さんらにプロのアシスタントとして請われた。結婚したのは、このアシスタント時代のことだ。そして、子育てと料理の仕事をしながら、もうひとつこなしていたのが、彼の前妻の店の手伝いだ。人手が足りず困っていた。

「普通の人にはなかなか理解してもらえないかもしれないですね。でも、私の大好きな子どもたちにとってのお母さんは彼女だから、そこは大事にしようと。子どもたちのために自分にできることがあるなら、手伝おうと自然に思いました。そうすることで子どもたちの母親が楽になり、結果、その人と毎週会うことで子どもたちの気持ちが安定するならという思いがありました」

いろいろな仕事をしつつも、子ども中心のペースは守った。寂しい思いをさせたくない一心で「ただいま」と帰ったときに「おかえり」と言えるように仕事のスケジュールを組んだ。子どもたちは、恭子、恭子と慕ってくれた。その子らの存在が光だった。

「そういうふうに育ってくれたのも、夫が教育方針を一貫してぶれずにいたからでしょうね。大人の時間、子どもの時間をしっかり分けていた。そういう分別を崩すことに対しては厳しかったです。そして、一八歳になったら自立しなさいと。自由にやりたいことをしていい。その代わり自分で責任を取れということですね。本当にその言葉通り、一八歳になったら途端いっさい何も言わなくなりました。信頼しているんですね。個を大事にするフランス人らしい考え方だなと思います」

落ち着いた独特の空気を身にまといながら、彼女は淡々と語る。どんなに聞いても愚痴や弱音が出てこない。かといって、過剰な言葉もない。ちょうどいい言葉の量と、外には出さないが確固たる〝自分〟がある。

だけど、と私は思う。前妻の店を手伝い、ステップマザーとして子ども中心の生活を送り、妻業もする。新婚生活とは、もっと甘くて〝楽〟なものではなかろうか。

そうですね、と彼女はひとつ深い呼吸をした。そして「気がつかなかったけれど、私、頑張りすぎていたんです」とつぶやいた。結婚四年目、そう気づかされる大きな事件があった。

ある日、なかなか治らない口内炎が気になり、何軒か病院をまわった。三軒目の病院で舌《ぜつ》がんと言われた。

「料理を生業にする私が、よりによって舌かと。いきなり死というものを身近に考えて混乱しました。生きる死ぬより、味覚を奪われるかもしれないということのほうが恐怖で、衝撃でした」

どうして自分が。なぜ舌なのか。だれも正解をくれない。医師からは切除を勧められた。症例も専門家も少ないため、何が正解で何が間違っているかわからず途方に暮れた。

決断をくだしたのは夫だった。

「安易に切るというのも納得できないし、恭子は料理の仕事もしている。僕は切るのは絶対に反対だ。切らずにほかに方法がないのかきちんと調べてから判断しよう」

ありとあらゆる方法を調べ、日本でも数少ない、放射線の針を舌に埋め込み、体の内側からがん細胞を壊す治療法にたどり着いた。

切らないといっても闘病生活は壮絶だ。内側から被曝するので、完全な隔離病棟に入院する。医師も看護師も厚い鉄板越しに治療にあたる。家族とは会えない。二週間隔離され、その後は経過観察となった。通院による検査では、がん細胞の死滅の具合や転移のあるなしをチェックする。再発リスクは五年間で半分に減少とのこと。五年は通院したが再発はない。

## 頑張りすぎないことを受け入れる

死への意識と隣り合わせの五年間は、彼女の人生観を変えた。

「私はお酒もそれほど飲みませんし、タバコもやりませんが、舌がんになりました。人生には自分ではどうしようもできないことも起きる。考えてもしょうがないことがある。だったら考えすぎるのはやめよう、無理はやめようと思ったのです」

言葉にすると短い。だが、深い示唆に富んでいる。

それまでも彼と、たくさん喧嘩をした。とくに子どもの教育方針では互いに一生懸命なだけに衝突することが多かった。「教育に関しては口出ししないでくれ」と夫に言われ、カッとなったこともある。

だが、人間関係はいくら頑張っても、一〇〇パーセント理解し合えるとはかぎらない。できない自分を受け入れ、自分を許すことも大事ではと思えるようになったのだ。

「彼の前妻のお店を手伝うことが、子どものためにもみなにとってもいいだろうと思ってやってきましたが、それも自分の勝手な思い込みでした。どこかでストレスが溜まっていた

んだなあとわかりました。無理をしてまでやったことなど善意にはなりません。病後は、自分がハッピーでいられるためにはどうしたらいいだろうといちばんに考えるようになりました」

まず店の手伝いをやめた。そして無理したり、いろいろ考えすぎるのをやめた。言うは易しだが、じつはこれ、意外に難しそうだ。

「そう、頑張ることはいいことだと言われて育った世代ですから。でも先回りして起こるか起こらないかわからないことを心配するより、やりたいことはやる。無理はしないと決めたら、すごく楽になれたのです」

この頃、自宅で料理を教えてくれないかと言ってくる人が増えた。請われて不定期で教えることはあったが、定期的に教室をやってほしいというのだ。考えすぎることをやめた恭子さんは、乗ることにした。

「それまでもたびたび料理教室をやらないのかと聞かれることがありました。そのたび、いやいや、サポートの仕事が好きだし私なんておこがましいと言ってきたのです。でも病気をして、私に求められることがあるのならやってみたい。自分が積み上げてきたもので、自分に残せるものがあるとしたらそれはレシピだなと思ったのです。生きている証？　ええ、そうかもしれません。レシピという形でそれを伝えたいという欲が出てきたんですね。入院前と同じ人生ではもったいないじゃないかと」

またも、背中を押したのは夫だった。

「やればいいじゃない！　恭子の料理をたくさんの人に食べてもらって喜んでもらうのは素敵なことだよ」

普段から「今日この料理はおいしいね」「今日もありがとう」を欠かさない夫のその言葉は百人力だ。夫は、人生で迷ったとき、要《かなめ》になることを言う。

その後、彼女の提案する気負いのないフランスの家庭料理は評判を呼び、テレビや雑誌から声がかかり料理家として多忙な現在に至る。

「彼と結婚していなかったら、料理家にはなっていなかったでしょうね。いろいろ考えすぎちゃって」

恭子さんの料理教室のメニューは、手をかけすぎない、味を足しすぎないという特徴がある。

「料理は自分や家族のためのもの。お教えしたら、どうぞおうちに帰って、塩加減などご家族が喜ぶ味を足してくださいと言っているんです。それがその方のレシピになる。家庭料理は、この通りに作らなければならないという正解はないので。その方の味にしてほしいのです」

足さない。教えすぎない。語りすぎない。考えすぎない。何もかもが過剰になりがちな今、引き算するからこそ見えてくる本質がある。それに気づかせてくれたのはおそらく病気であり彼である。

結婚以来住み続けているテラスハウスの台所で、最近ディナーが夫婦ふたりだけになることが多い。息子は留学し、大学生の娘はバイトに忙しいからだ。子育てが一段落すると、話すこともなくなって夫婦の会話も減りませんかと聞いた。恭子さんは「え、なぜ？　ほかのご夫婦ってそうなんですか？」と笑った。

「彼は昔から私の料理教室が遅くなると、いつ終わるんだ？　と聞いてくる人。仕事は大事だけど、夫婦の時間もそれ以上に大事と考えていますから。今も毎晩ゆっくりワインを飲んで語り合います。ずっと前からそうだから、変わらないです」

彼が好きなのはパテ・ド・カンパーニュ。フランスの代表的な家庭料理で、作るたびに、毎回嬉しそうに目を輝かせる。それをつまみにワインを飲むのが至福のときだとか。

語らいが育んできた時間の濃さは、愛情の深さと比例する。子どもが巣立ったら会話がないだなんて恥ずかしい質問をしてしまった。

互いの違いや、すべてをわかり合えることなどないと受け入れたら、夫婦の間に流れる風も変わる。全部わかったような気持ちになることのほうが怖いことなのかもしれない。

サルボ恭子（さるぼ・きょうこ）
一九七一年東京生まれ。料理家の叔母に師事した後、渡仏。パリの有名ホテル勤務後、帰国し独立。料理研究家の上野万梨子氏、有元葉子氏をサポートし、現在は料理教室を主宰。著書多数。

# あとがきにかえて

　街を歩いていて、不意に、かつて恋人と並んで座ったカフェや、待ち合わせをした書店の店先に出くわすと、きゅうっと胸が締めつけられることがある。終わったはずの恋の傷口がわずかに開いてしまうのだ。人さまの台所も、似たところがある。すっかり恋人の残り香を消したつもりでも、使いかけのバルサミコ酢や弁当箱やウイスキーボトルにふと、失った痛みが蘇る。

　とりわけ古い台所は、生活の痕跡がわかりやすいのだが、ピカピカの新しいそれでも、いろいろなものが透けて見えてくるからあなどれない。
　収納の癖、好き嫌い、食材のストックの量、冷蔵庫の詰め込み具合、家電の新旧、包丁の刃の光り方、洗剤のブランド。私はそれら暮らしの残片を手がかりに、住み手の人生や価値観を探っていく。鍋釜を説明しながら、不意に失った愛の記憶が蘇り、言葉を詰まらせる人がいたら、涙が止まるまで待つ。そうしながら、ああ、台所を語るというのは、恋人と過ごした街角を歩くときと似ているなあとぼんやり思う。住み手も台所を語りながら、記憶の彼方に置いてきた自分と再会する。そんなことが瞬時にできる取材場所はほかにあまりない。

本来なら人に見せたくない奥の院を快く取材させて下さった方々に、あらためて心より御礼を申し上げたい。ありがとうございました。

また、恐縮ながらこの場を借りて御礼を申し上げたい方々がいる。

前著『東京の台所』（平凡社）に引き続き、本書の元となる連載『東京の台所』（朝日新聞デジタル「＆ｗ」）を支えて下さった朝日新聞社の福山栄子さん、辻川舞子さん、諸永裕司さん。

前著同様、企画から併走し続けて下さっている平凡社編集の佐藤暁子さん、装丁家の横須賀拓さん。

そして、「人を描いては」と、連載が始まる前から背中を押して下さった作家の重松清さんには、帯に珠玉の言葉をいただいた。

どなたも、まちがいなく一四〇回余りの取材で迷いそうになったときの支えであり、道標であり、またどなたが欠けても本書は生まれなかった。
ありがとうございました。

さて今度は、お読み下さったあなたの台所のドアをノックしに。汗を拭き拭き、カメラを担いで伺おう。そのときはいつもの湯飲みにいつものお茶を、一杯ください。

大平一枝

※本書は、朝日新聞デジタル『&w』連載「東京の台所」の作品の内容に大幅に加筆・修正を施し、あらたに取材をした作品とあわせて構成しました。
※年齢・職業・居住エリア等住人プロフィールに関わる情報は、すべて取材当時のものです。

大平一枝　おおだいら・かずえ

作家、エッセイスト。長野県生まれ。大量生産、大量消費の社会からこぼれ落ちるもの・こと・価値観をテーマに各誌紙に執筆。著書『東京の台所』『ジャンク・スタイル』『もう、ビニール傘は買わない。』（小社）、『紙さまの話』（誠文堂新光社）、『日々の散歩で見つかる山もりのしあわせ』（交通新聞社）ほか多数。二〇一三年より朝日新聞デジタル「＆w」に『東京の台所』を連載、アクセス数第1位の人気連載として、熱い支持を得ている。本書および連載では撮影も行う。

HP「暮らしの柄」
http://www.kurashi-no-gara.com/
「東京の台所」（朝日新聞デジタル『＆w』）
http://www.asahi.com/and_w/


---


男と女の台所

二〇一七年二月二二日　初版第一刷発行

文・写真　大平一枝
発行者　下中美都
発行所　株式会社　平凡社
〒一〇一-〇〇五一
東京都千代田区神田神保町三-二九
電話　〇三-三二三〇-六五八四［編集］
〇三-三二三〇-六五七三［営業］
振替　〇〇一八〇-〇-二九六三九
ホームページ　http://www.heibonsha.co.jp/

印刷・製本　図書印刷株式会社
デザイン　横須賀 拓



ISBN978-4-582-62062-7 C0077
NDC分類番号597
四六判（18.8cm）　総ページ240
乱丁・落丁本のお取替は直接小社読者サービス係までお送りください（送料は小社で負担いたします）。